JN260393

愛知大学東亜同文書院ブックレット

❸

東亜同文書院生が記録した近代中国

藤田佳久

（東亜同文書院大学記念センター長）

●目　次●

一　はじめに

では、「東亜同文書院生が記録した近代中国」というテーマで今からお話をさせていただきます。関東地区で書院についてのお話は昨年横浜の大倉精神文化研究所で講演させていただいたことがありますが、基本的にはあまりこういうお話をさせていただいたことがありませんので、今回は皆さん方になるべくよくご理解いただけるよう多くの画像を使ってご紹介したいと思っております。

今日は書院の卒業生の方々もたくさん来ておられますが、これが上海に東亜同文書院が存在していた時期の中で一番充実した時期のメインキャンパスです（写真1）。二〇年間ほどこのキャンパスが使われますが、第二次上海事変の時中国兵に焼かれて、この校舎はなくなってしまいます。そのあとはそのとなりにあり、戦争で奥地へ移動したあとの交通大学へ移動しました。ですので、終戦まで勉学を続けることができたということになります。

2　SHANGHAI.　Tung Wen College.　　　院書文同亞東　　海　上

写真1　書院が建設した本格的キャンパス（虹橋路）

二　創設者たち

書院に関わる人物としては、まずこちらが近衛篤麿という方です（写真２）。東亜会と同文会が合併して生まれた東亜同文会の初代理事長になった方です。そしてその前史として荒尾精という方が一番鍵を握っていました（写真２）。荒尾は愛知県出身の方ですけれども、明治になってから軍籍に入り、熊本鎮台に勤務の時に中国へ渡りました。当時は清の時代ですが、その実情に関心を持って、現地でいろいろな調査を行ない、当時欧米志向であった日本の方針に対して、隣の中国（清国）にもっと注目すべきである、貿易取引の相手として充分やっていけるのではないかという提案をしたわけです。そしてこの方の遺志を継いで最初の東亜同文書院の院長になったのが根津一《はじめ》です。以上この三人は東亜同文書院の歴史を語る上で外せない方々であります。

そのもう一つ前には、ご当地横浜に関係していますが、岸田吟香という方が上海におられました。この方は岡山県美作

写真２　東亜同文書院の創設者たち

の山の中の出身ですが、幕末に江戸に出てきて勉学をし、目を悪くして横浜へ来て目医者ヘボンと出会うわけです。このヘボンから目薬の作り方を教えてもらいながら英和辞書を作るということで上海へ出かけます。当時日本には活字がなかったからです。そこでまた目薬を売り、あるいは本屋などもやりまして、財をなしたわけです。後に横浜へ戻ってきて日本で最初の新聞を作りました。その息子さんが岸田劉生で、有名な画家になられました。こちらは愛知大学のロゴです（写真３）。このロゴは戦後できたものですが、岸田劉生のお弟子さんの高須光治という方が作られました。この高須さんは、書院の方々が引揚げてこられて愛知大学を創立した地である豊橋の方です。この辺も歴史の上ではうまいつながりがあったような感じがいたします。岸田吟香が上海にいて、日本で最初の国際貿易商人として活躍中の時に、先ほどの荒尾精がそこへ行って、色々な面倒を見てもらったわけです。その点で、ご当地横浜とは非常に縁の深い歴史がございます。

　荒尾精が最初に中国へ渡った明治一〇年代の頃に、蘭州地方（黄河の中流域）がどんな地域なのか、そこに関するいろいろな事柄が書かれた記録があります。私が書院の方々にお世話になるようになった最初の頃、次々に

校名と校章について

“愛知大学”の校名は、フィロソフィアによっている。単なる場所的な契機からではなく、「愛知」すなわち「知＝智を愛する」という抽象的な言葉のうちに、創立者達の“本学をして永遠に智を愛する者達の殿堂たらしめよ”との崇高な理想がこめられ、この名称が選ばれた。

校章は愛知大学の愛と大の字を組合わせて図案化したもので、簡素なデザインで愛大を強調することによって、建学の精神の下で弛まぬ歩みを続ける決意と誇りを表現している。制定は昭和22年６月。制作は高須光治氏（岸田劉生氏門下）の原案。

写真３　岸田吟香と愛知大学の校章
（岸田の写真は『岸田吟香伝』旭教委、1990より）

資料を渡していただいたものですから、まだ頭の中が整理されておらず、この資料はいったい何なのか、よく分かりませんでした。蘭州を中心にしたこういう地域の記録は何なのかということです。これは荒尾精が前述の岸田を頼っていた上海から漢口へ移り、そのあたりを中心にして広く中国一帯の資料を集めた時に、日本からやって来る青年達を使ってあっちこっちに行かせ、情報を集めさせたことがありました。その時蘭州へ行った方が書かれたものだと思われます。誰が書いたかということは書いてありませんが……。

荒尾精はこの時に集めた商取引やその他の情報をベースにのちに『清国通商総覧』という大著を根津に書かせます。私は地理学をやっているものですから、その中に出てくる地域情報をこういう地図を作って見るというのはいつも

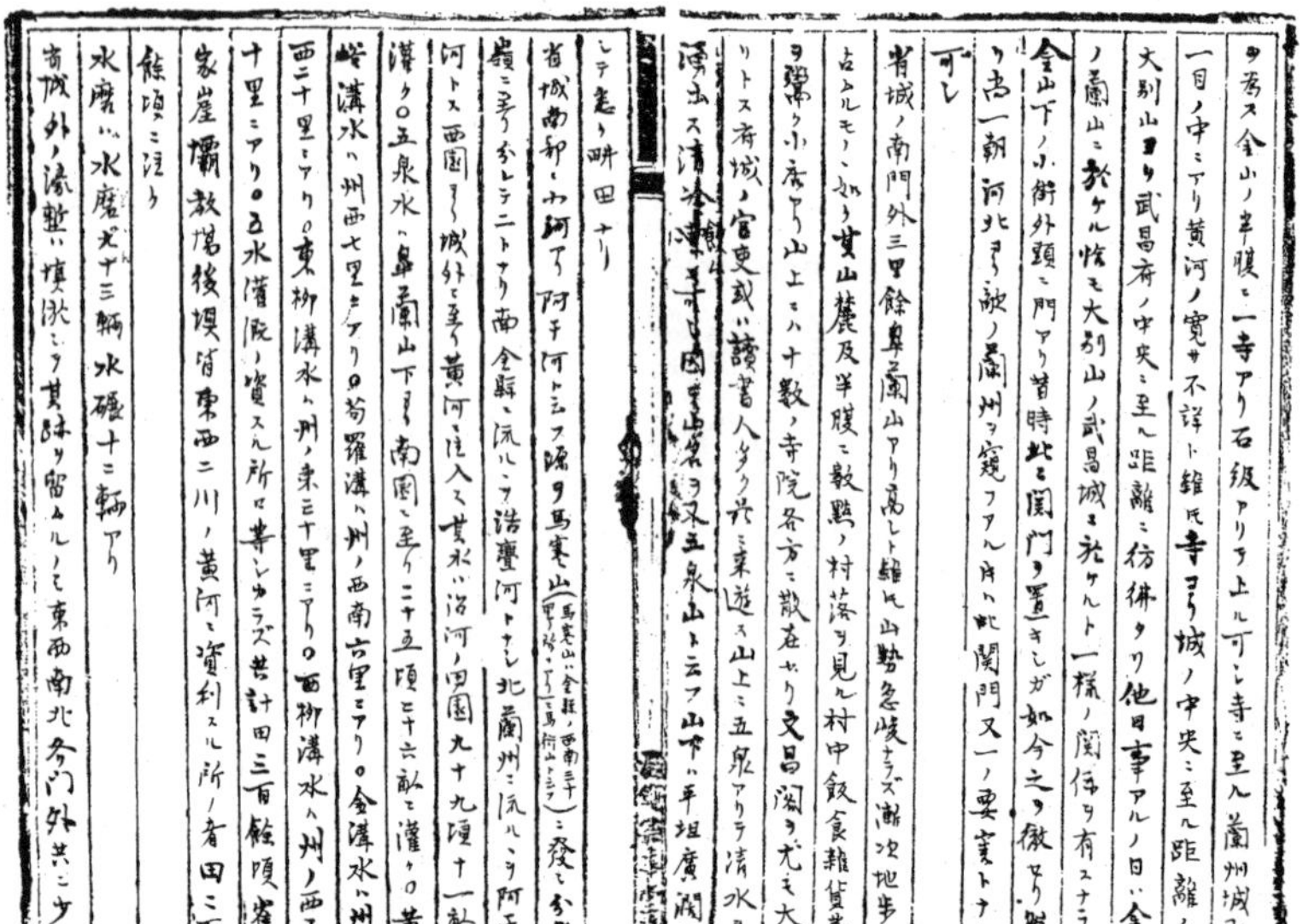
出ス金山ノ半腹ニ一寺アリ石級アリテ上ル可シ寺ニ至ル蘭州城郭ヲ
一目ノ中ニアリ黄河ノ寛サ不詳ト雖モ寺ヨリ城ノ中央ニ至ル距離ヲ
大別山ヨリ武昌府ノ中央ニ至ル距離ニ彷彿タリ他日事アルノ日ハ金山
ノ蘭山ニ於ケル恰モ大別山ノ武昌城ニ於ケルト一様ノ関係ヲ有スナラン
金山下ノ小街外頭ニ門アリ昔時此ニ関門ヲ置キシガ如今之ヲ徹セリ然
リ而シ一朝河北ヨリ敵ノ蘭州ヲ窺フアル時ハ此関門又一ノ要害トナル
可シ
省城ノ南門外三里餘皐蘭山アリ高シト雖モ山勢急峻ナラズ漸次地歩ヲ
占ムルモノヽ如ク黄山麓及半腹ニ数點ノ村落ヲ見ル村中飲食雑貨等
ヲ鬻ク小店アリ山上ニハ十数ノ寺院各方ニ散在セリ文昌閣ヲ尤モ大ナ
リトス府城ノ官吏或ハ讀書人多ク共ニ来遊ス山上ニ五泉アリテ清水ヲ
湧出ス清冷[illegible]ヲ以テ五泉山トモ云フ山下ハ平坦廣闊ニ
シテ悉ク畊田ナリ
省城南郊ニ小河アリ阿干河ト云フ源ヲ馬寒山（馬寒山ハ金縣ノ西南三十里[illegible]）ニ發シ分水
嶺ニ至リ分レテ二トナリ西ハ金縣ニ流レテ浩亹河トナシ北蘭州ニ流ルヽヲ阿干
河トス西園ヨリ城外ニ至リ黄河ニ注入ス其水ハ沿河ノ田園九十九頃十一畝ニ
灌ク○五泉水ハ皐蘭山下ヨリ南園ニ至リ二十五頃二十六畝ニ灌ク○黄
峪溝水ハ州西七里ニアリ○荀羅溝ハ州ノ西南六里ニアリ○金溝水ハ州ノ
西二十里ニアリ○東柳溝水ハ州ノ東三十里ニアリ○西柳溝水ハ州ノ西五
十里ニアリ○五水灌漑ノ資スル所ロ専レタラズ共計田三百餘頃崔
家崖攔教場後堰皆東西二川ノ黄河ニ資利スル所ノ有田三百
餘頃ニ注ク
水磨ハ水磨七十三輌水碾十二輌アリ
省城外ノ濠塹ハ填淤シテ其跡ヲ留ムルノミ東西南北各門外共ニ少数

写真４『蘭州紀要』の一部

関心があります（図1）。それまで日本人は中国について漢詩・漢文の世界しか知らなかったんですが、そこで根津によってまとめられた本は中国の、今流に言うと商業地理とでも言いますか、併せて中国

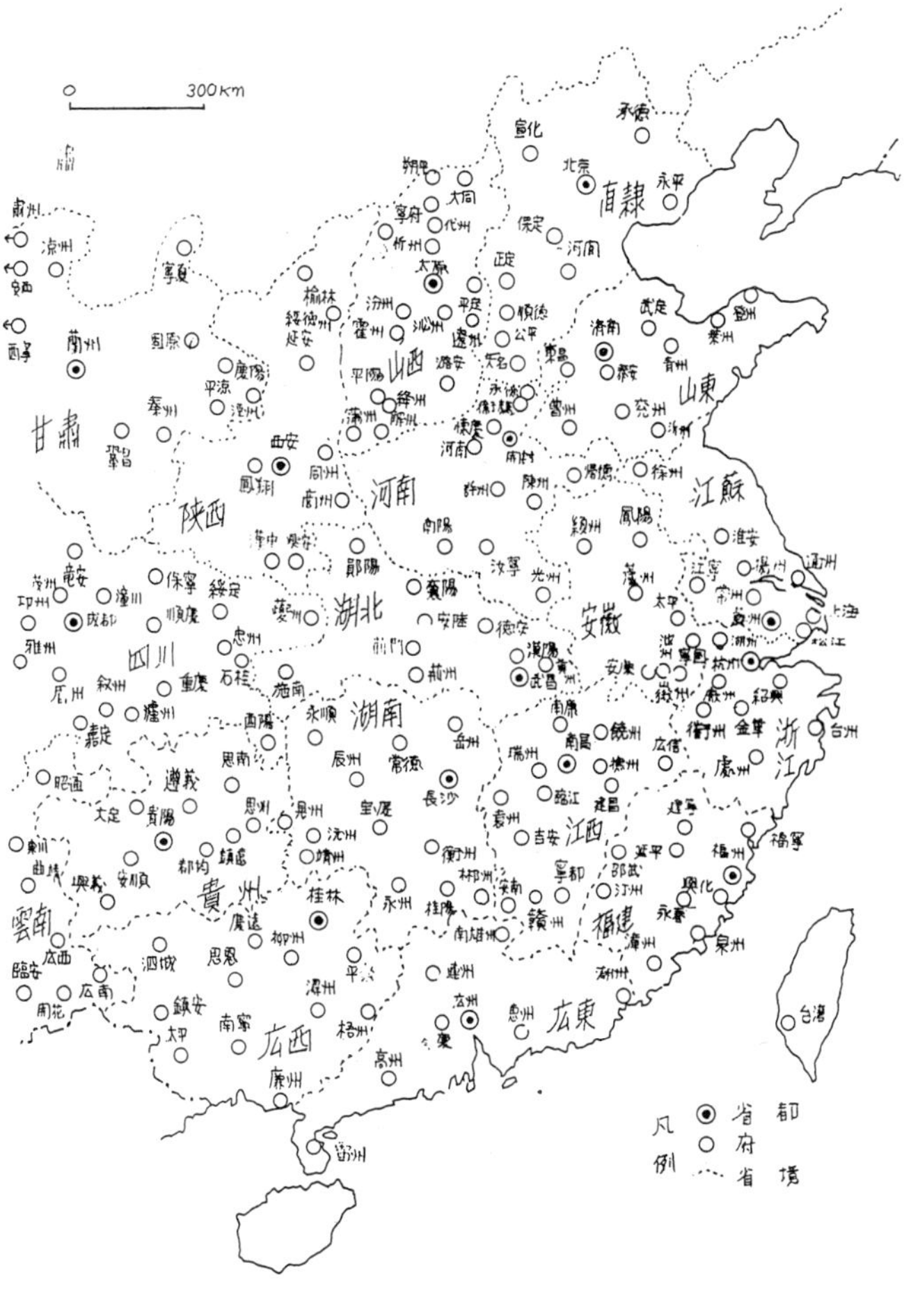

図１ 『清国通商総覧』の中に紹介された地名の分布
（『清国通商総覧』より作成）（藤田原図）

の歴史や諸制度そして当時の中国の実情も含めた全国の情報がその中に入っています。これには当時の日本人がびっくりしました。漢詩、漢文から想像される中国とは異っていたからです。千頁を超えるような大変厚い本です。当時はベストセラーだったと聞いています。

その中に図2のような当時の清国で生産されていた銅製品などの図柄がいっぱいあって、こういうものも日本と取引・貿易できるというような、言ってみれば商品見本ですね。これがふんだんに収められている。図もまたずいぶんきれいで、細かな

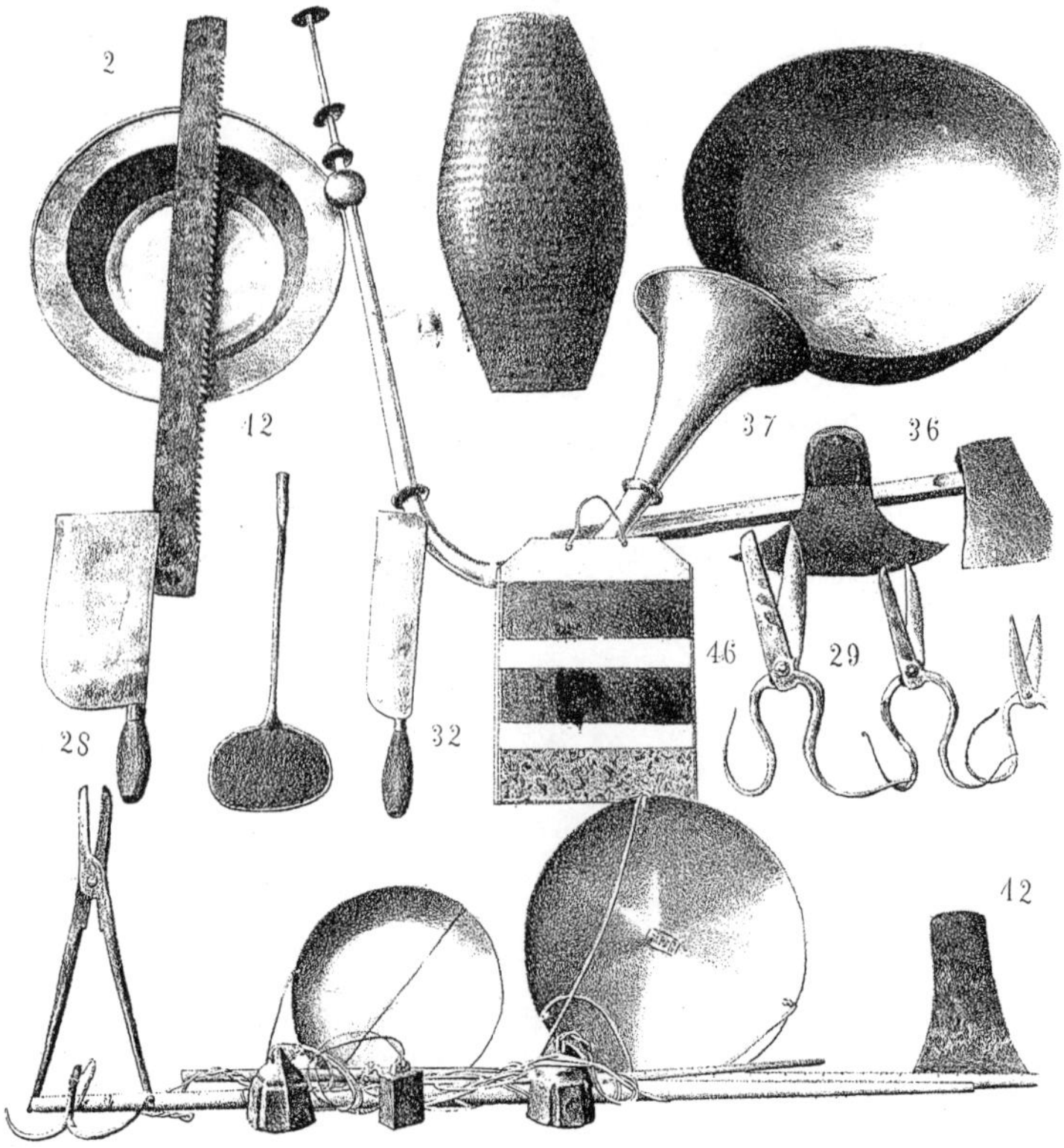

図2 『清国通商総覧』の中に描かれた清国の銅製品

形で編集をされたことがわかります。編集には根津一が当たりましたから、根津はそういう力のある人でもあったようです。それで中国にも大いに関心をもったのだと思います。なお荒尾精はそのあと台湾で早逝してしまいます。

このような経過の中で荒尾精と根津一の二人は、正式にビジネスマンを養成する学校がいるということで、上海に日清貿易研究所という学校を作ります。日清戦争の前です。しかし日清戦争が始まって引き揚げざるを得なくなりました。

日清戦争が終わったあと対中国をめぐるいろいろな団体が出来ます。その中に東亜会という比較的政治色の濃いグループと、同文会（近衛篤麿が会長）

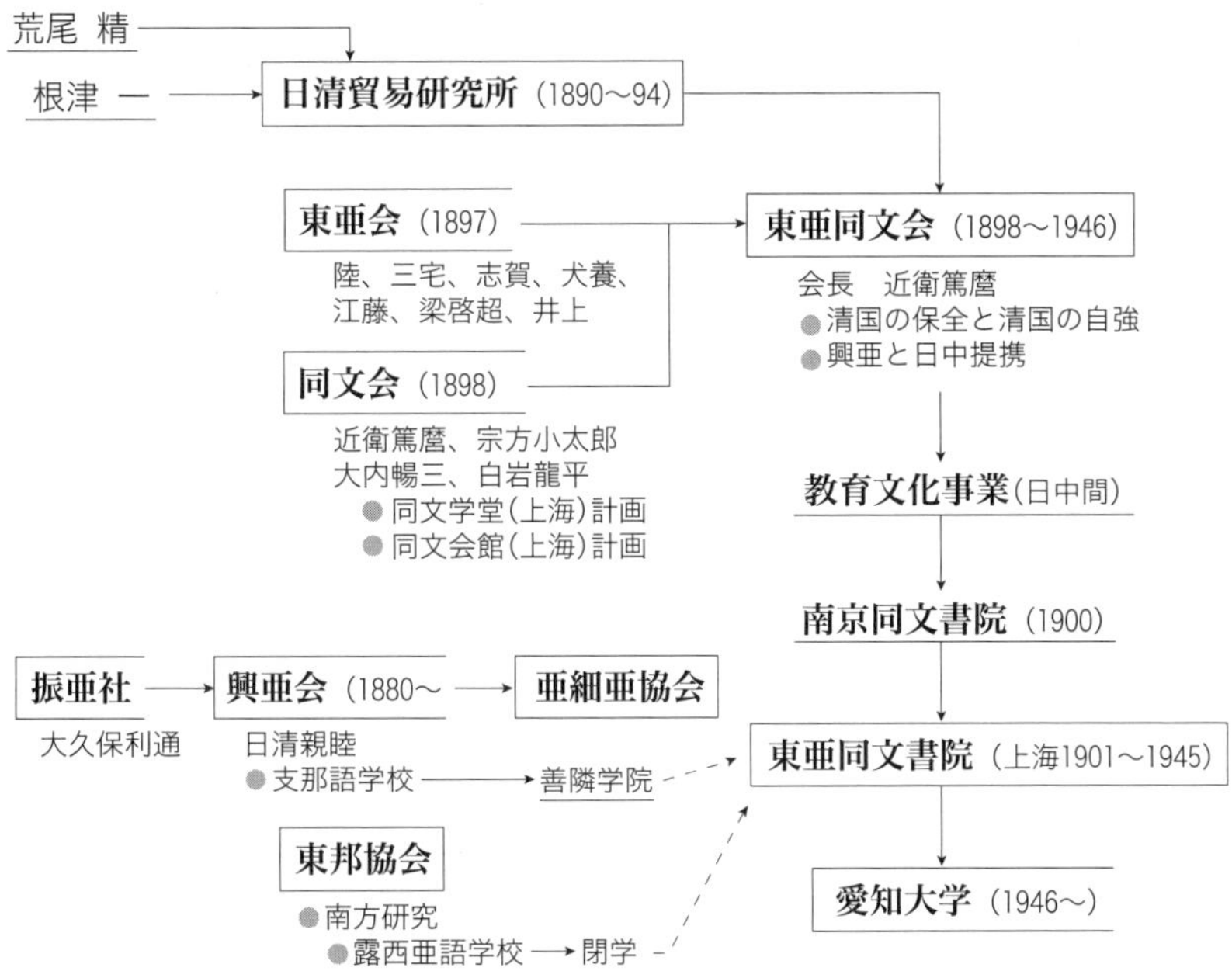

図３　荒尾、根津、近衛から東亜同文会、東亜同文書院
そして愛知大学への系譜

を中心にした比較的実務派のグループがありました。同文会では上海に学校を作ろうとか、あるいは図書館を作ろうというプランを既に持っていました。これが合同して近衛篤麿がトップになることによって東亜同文会が一八九八年に誕生します。東亜同文会の目的は、清国が自ら強くなるようにサポートし、日中関係をベースにしながらアジア全体を築いていくとし、そのための具体的方法として日中の教育文化事業として南京に同文書院を作り、開学しました。ところが義和団の乱が生じ、引き揚げざるを得ず、上海に正式に東亜同文書院を作ったのです。これが一九〇一年、二〇世紀の最初の年でありました。そして半世紀経過したのち太平洋戦争が終了した翌一九四六年に書院の教員や学生が愛知大学をつくったのです。大雑把に言うとこういう流れです（図3）。

　ところで東亜同文会の教育事業がどんなふうに行なわれたかについてみてみましょう。まず、東京同文書院を東京に開設し、中国からの留学生を積極的に受け入れました。こういう学校をまず作って中国

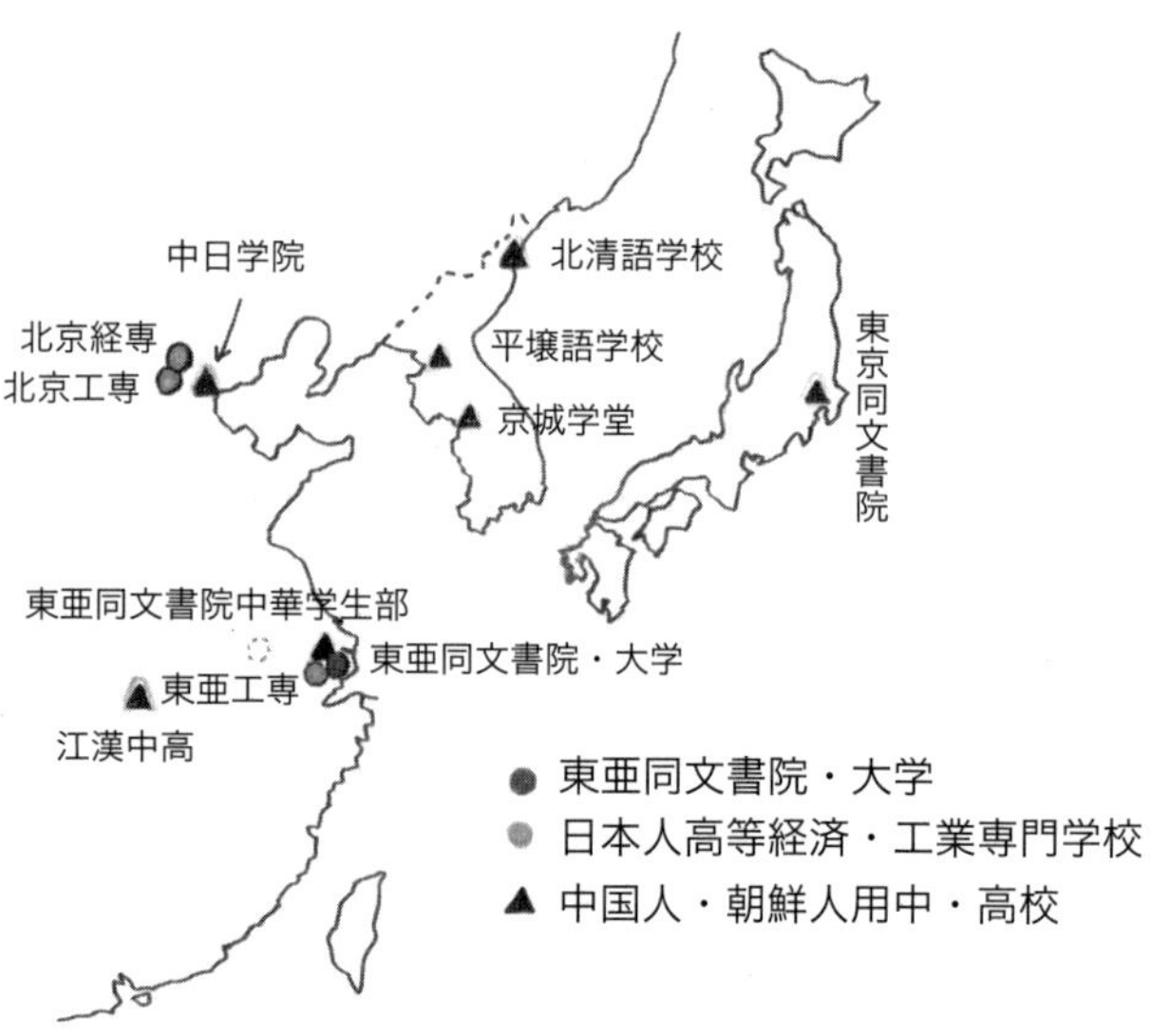

図４　東亜同文会経営諸学校の展開分布図

の留学生達を教育しようとした点に東亜同文会の目的がわかります。日清戦争後には、明治維新直後から近代化を進めた日本で勉強をしようという中国からの留学生がたくさん来日しました。同時に朝鮮半島の清津や平壌、京城などにもいくつかの語学校と普通の学校を開設しています。そして先ほどの南京東亜同文書院を作り、それが一九〇一年に開設された上海東亜同文書院（のちに大学）へ併合されました。書院には中華学生部もつくり、中国人留学生を受け入れています。後になって漢口に中日学院（中国の人達のための普通学校）を設け、さらにずっと後になって北京経済専門学校とか工専とか、東亜工専などの学校も経営するようになります。東亜同文会はこのように多くの教育事業をやったのです（図4）。

表1は東亜同文書院の最初のカリキュラムです。これを見ていただきますと商取引関係及び中国語の科目が中心で、ここに東亜同文書院の性格がよく出ています。今流に言うビジネススクールと言ったほうがいいのではないかと思います。ずっと後になって生じた日中戦争の後半になって書院の学生がそれに巻き込まれた時代があったため、それを指摘してスパイ学校ではないかとか、大陸への先兵ではなかったかというような風評が戦後ずっと続いたことがあります。戦後の東西冷戦下の日本の中のイデオロギー的視点による影響でした。しかしそうではなく、最初の出発点は、先ほどの荒尾精から始まる日本と中国との間の貿易取引をすすめるために、当時清国は日本より少し進んでいたので、日本人との貿易取引がすぐには受け入れてもらえず、それに清国時代の商取引は伝統的で慣習的で単純ではなかったため、日本人が中国へ行って中国語と中国の商取引をマスターしなければ貿易ができない状況下で、そ

れをクリアするために作られた貿易実務の学校として開かれたということが非常によく分かります。

表１　初期の東亜同文書院のスタッフと担当科目（1908年）

職　　名	氏　　名	就職年月日	担当科目
院長	根津一	明治35. 5. 5	倫理
教頭	法学士・上野貞正	41. 4. 15	
教授	法学士・福岡禄太郎	36. 10	法律、政治
同	法学士・田部　環	40. 12. 7	経済、財政
同	文学士・大村欣一	40. 7. 28	制度、外交史、通商史
同	商業学士・森川一甫	38. 9. 9	商業学、薄記、商業実践
同	商業学士・中川精吉	39. 12. 1	商業学、薄記
同	布施知足	40. 1. 21	英語
同	青木喬	41. 12. 6	中国語
同	橋詰照江	41. 4. 13	漢文、尺牘、時文
助教授	三木甚市	41. 3. 23	中国語
同	松永千秋	40. 7. 28	中国語、制度
同	富岡幸三郎	40. 7. 28	中国語、商品学、商業地理
助教授兼寮監	小田勝太郎	40. 3. 28	習字
幹事兼寮監	和田連次郎	41. 4. 27	
講師	神津助太郎	41. 1. 8	商業慣習
同	沈文藻(字、少坪)	39. 9. 2	尺牘
同	端璵(字、藹如)		中国語
講師	全寿(字、介生)		中国語
同	述功(字、建勛)		中国語
同	ミス・フィン	40. 10. 22	英語
同	ミセス・ハーブ	★. ★. 14	英語
会計係	安河内弘	35. 10	
事務員	佐藤喜平次	41. 5. 1	
同	田中末次郎	41. 5. 1	
校医	品川賢斎	40. 5. 23	
武術部総監	小田勝太郎		
武術部講師	安河内弘		

（『東亜同文書院大学史』より）

三　入学生達の出身地と意識

ではどのように学生を入学させたのでしょう。東亜同文会にはあまりお金がありませんでした。そこで根津院長は県のお金でもって学生を集めましょうということで、各県を回って県知事に一県あたり二人の県費生を送っていただきたいと依頼をし、実現しました。図5は第一六期生から第三九期生の書院時代の入学生の出身地の分布をアンケートから示したものです。第一期というのは一九〇一年、第一六期というのは一九一六年の入学生です。第三九期のあたりは大学昇格にともない留学生への対応で一年ずれるところがあります。この図は一〇年ほど前卒業生の皆さんにアンケートをした時、返ってきた出身地の答えを図化したものですが、各県から給費生はほぼ二人ずつが平等に選ばれてきています。中には福岡県とか、いくつかの県に入学志願者が集中したところもあり、そこではずいぶん激戦でした。当時師範学校も授業料は無料でした。経済界では東亜同文書院だけが授業料が要らない。しかもお小遣いが週1ドルもらえるという仕組みで、多くの人達が受験したわけです。途中からは私費生も受け入れるようになり入学生の幅が広がりますが、後に書院が大学になりますと、さらに私費生等もふえます。またその前から大手新聞社や満鉄からの入学生もみられました。そのせいか出身地が少し大都市型に変化していきます。しかし、基本的には一貫して全国各地から均等に、優れた人達を集めたという形でスタートしています。

「入学時の夢」というアンケートを同じく一〇年余り前、卒業生の皆さん方にお願いしました。当時

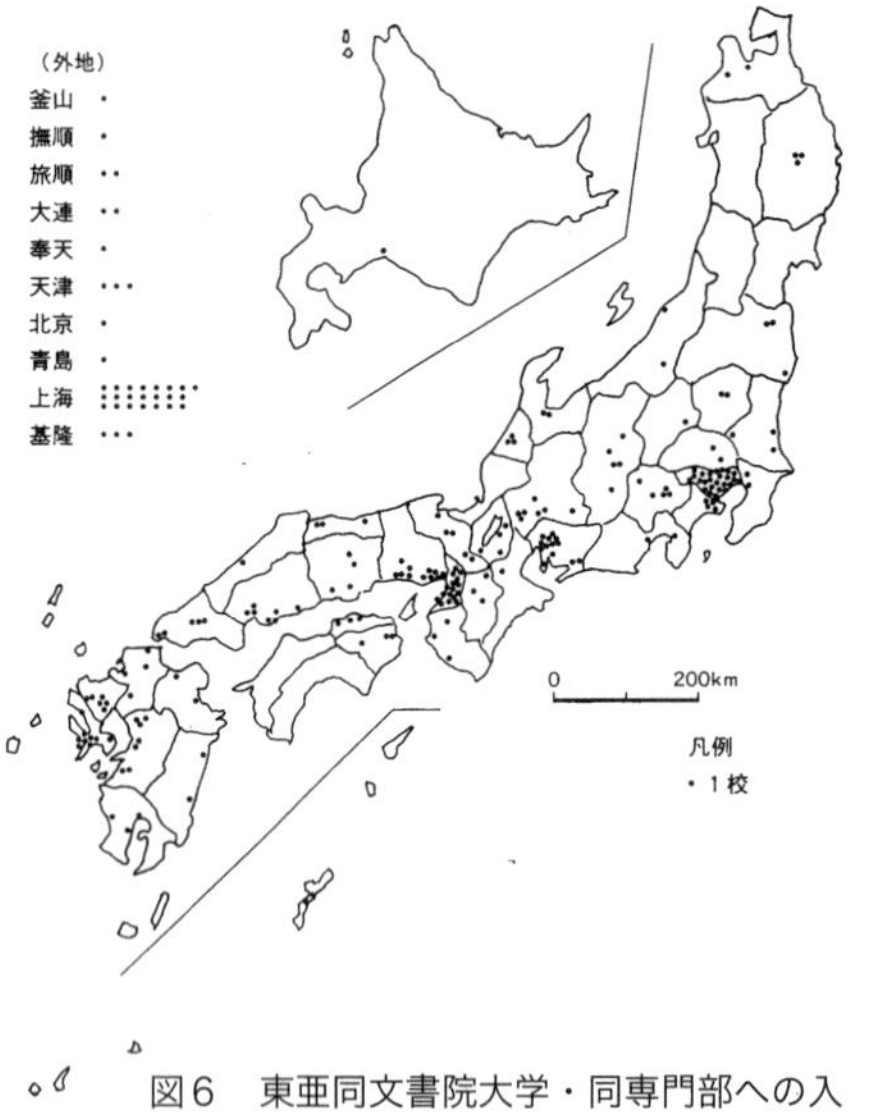

図6　東亜同文書院大学・同専門部への入学者の出身学校所在地の分布（第40期～第46期）
（アンケート回答分より作成）

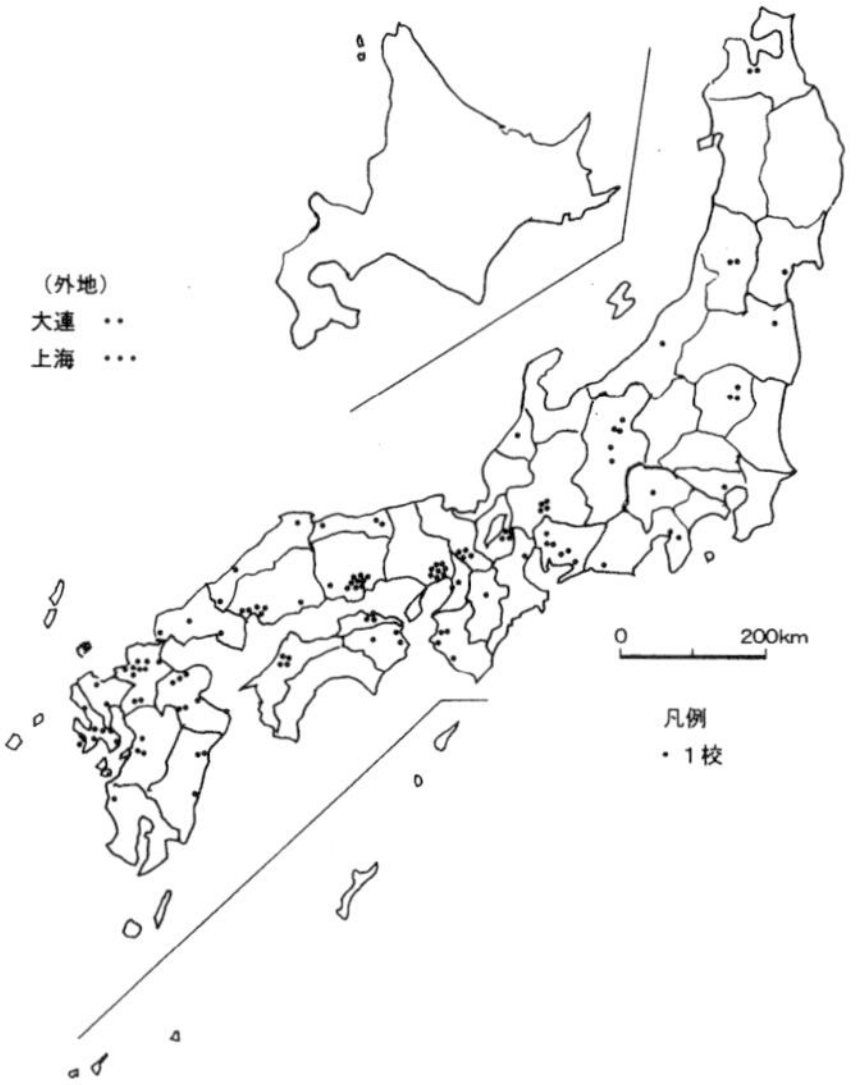

図5　東亜同文書院への入学者の学校所在地の分布（第16期～第39）
（アンケート回答分より作成）

表2　書院入学時の夢

内容	期～33	34	35 36	37 38 39	40	41	42	43	44 予科	44 専門	45 予科	45 専門	46 予科	46 専門	合計
中国で働く、骨を埋める	10	3	8	10	8	7	3	4	9	4	2	8	8	3	87
日本と中国・アジアのために	6	3	11	4	2	3	6	5	8	3		5	2	1	59
中国人のために	2	2		1		1	3	2	1		1	1			14
中国を見、学びたい			8	12	2	3	2			5	2	3		1	38
中国語を学びたい	3	1	1	1		3	2		1		2	2	1	1	18
有能な事業者と社員	1		1		2	1	2			1	1	2	1		12
アジアで働く	2				2				1	1		1			7
外交官になりたい	1						1		3	2		2	1		9
国際的仕事をしたい			1		2							1			5
ロマン、好奇心	1							1				1			3
親孝行				1										1	2
努力したい	1		1		1										3
社会貢献したい	1		1		1	1			1						5
東亜の平和のために					2	2	1								5
自由に						1				1	1				3
喜びのみ					1			1			1				3
広く学びたい						1	1	1							3
楽しく過したい						1	1								2
その他						1			1			1		1	4
なし	3	2	2	4	1	3	1	2	1	1	3			1	24
合計	31	11	34	33	24	28	23	16	26	18	13	27	13	9	306

一四〇〇人ほどの卒業生がおられて、約四〇〇人から返事がございました。それによりますと「中国で働きたい」とか「骨を埋めたい」とか、「日本と中国とアジアのために」とか、このあたりのところが多く、日中の提携という精神が圧倒的だったということがわかります（表2）。ところで、学校で授業を始めても上海に留まっていては中国が分からないというわけで、学校のほうが修学旅行を実施しました。最初の第一期生の場合、二年目に修学旅行をやりました。誰が書いたかは分からないんですけれども、山東半島一帯の方面へ修学旅行をした時の日記風記録があります。後に北京とか漢口とかいろいろなところに行っていますが、学生はそれだけでは不満で、もっとあっちこっちに行きたい、しかし学校にはお金がない、困ったなという状況が最初の頃にはあったわけです。

四　西域大旅行

そんな折、日英同盟が結ばれ、イギリスから日本政府に対して、ちょうど今の西域、シルクロードで有名ですが、その新疆一帯にロシアの勢力がどんどん入り込んでいて、イギリスとしてはそれを把握できないので、日本側に調査を頼んできたことがありました。しかし、日本政府はそんな調査をする手段がなかったものですから、最終的には書院の根津院長にお願いをすることになったのです。院長は折からの二期生の卒業生の中から五人を選んで西域へ調査のため行ってくれと頼んだのです。そして五人は別々に新疆や蒙古へと出発した。そのうちの一人、柔道部に入っていた波多野養作という人ですが、細かい旅行日記を残しています。二期生については校舎の近くのお墓の上で撮った同期生の写真が残って

写真５　２期生の中の波多野養作（矢印）

写真６　波多野養作の西域への旅の様子

いますが、皆、清朝風の髪型をしています。完全に清朝時代の雰囲気の写真です。これは一九〇二〜一九〇三年頃、一〇〇年以上前の非常に古い写真です。この写真の中央右が書院生時代の波多野本人です(写真5)。そして西域へこんな形でシルクロードの西域へ一人旅という形で出かけていったわけです(写真6)。しかし、旅路は大変だったのです。歩くのも大変、馬車に乗ると道が悪くすぐ痔になってしまう。それからマラリアにかかってしまう。当時の中国では大河沿いにマラリア蚊がいたのです。熱が出ると一週間ぐらい記録がありません。途中でイギリス等ヨーロッパから来た宣教師の人達に治療を受けて命拾いをし、旅を続けています。それだけにこんな奥まで宣教師がいるんだと欧米人の活動とその文化力にびっくりしています。往復二年かかり、何度も死に直面するほどの旅でしたが、日本人としては始めて本格的な西域調査をやったわけです。

道中の記録がいろいろ残っていて、私流に整理して作図をしてみますと、どのぐらいの人口の町がどこにあって、そこにどんな人達がいたのかなど、当時の様子が非常によく分かります(図7)。これはコースの目的地である新疆の天山山脈沿いのコースです。国の東端がハミ、ここからもっと奥のほうへ行きます。砂漠に入りますと冬、それも夜、つまり川の水が凍って出水しないという時を狙って歩いています。今の我々の考え方とはずいぶん違います。この図は土地利用の様子も示したものです。畑がどのぐらいあるか。どんなものを作っているか。豆とか野菜とかいろいろあります。そんな様子もこういう道中の記録から読みとっていきますと当時の、つまり一〇〇年前の西域へのコース沿いと西域一帯の様子が分かります。プライベートな日記ですが波多野の日記は非常に細かく書かれていて、そのおかげでこのような作図をすることができたのです。他にもいくつか作図をしていますが、ここでは省きます。

日本人の最初のシルクロードの記録については、最初の大谷探険隊の二人で、書院生が現地入りする前の年にこのルートを西端から北京までたどっています。しかし、この二人は経験もなく、専ら石窟とか経本などを見物しながら旅したわけで、本格的な現地調査をしたのは書院のこの五人です。この時の大谷光瑞一行はロンドンの留学生グループで、ヨーロッパ諸国の探検隊が西域へ次々に出かけるのを知り、仏教遺跡には自分達が出かけるのが本分だとして、日本人として最初に我々も行ってみようと、何の勉強もせずにいきなりロンドンからユーラシア大陸の中央部へ入ってきたのですが、本人は突然インド経由で日本へ帰ってしまいます。そこであとに残された堀ともう一人の二人が歩いて北京へ出たのです。

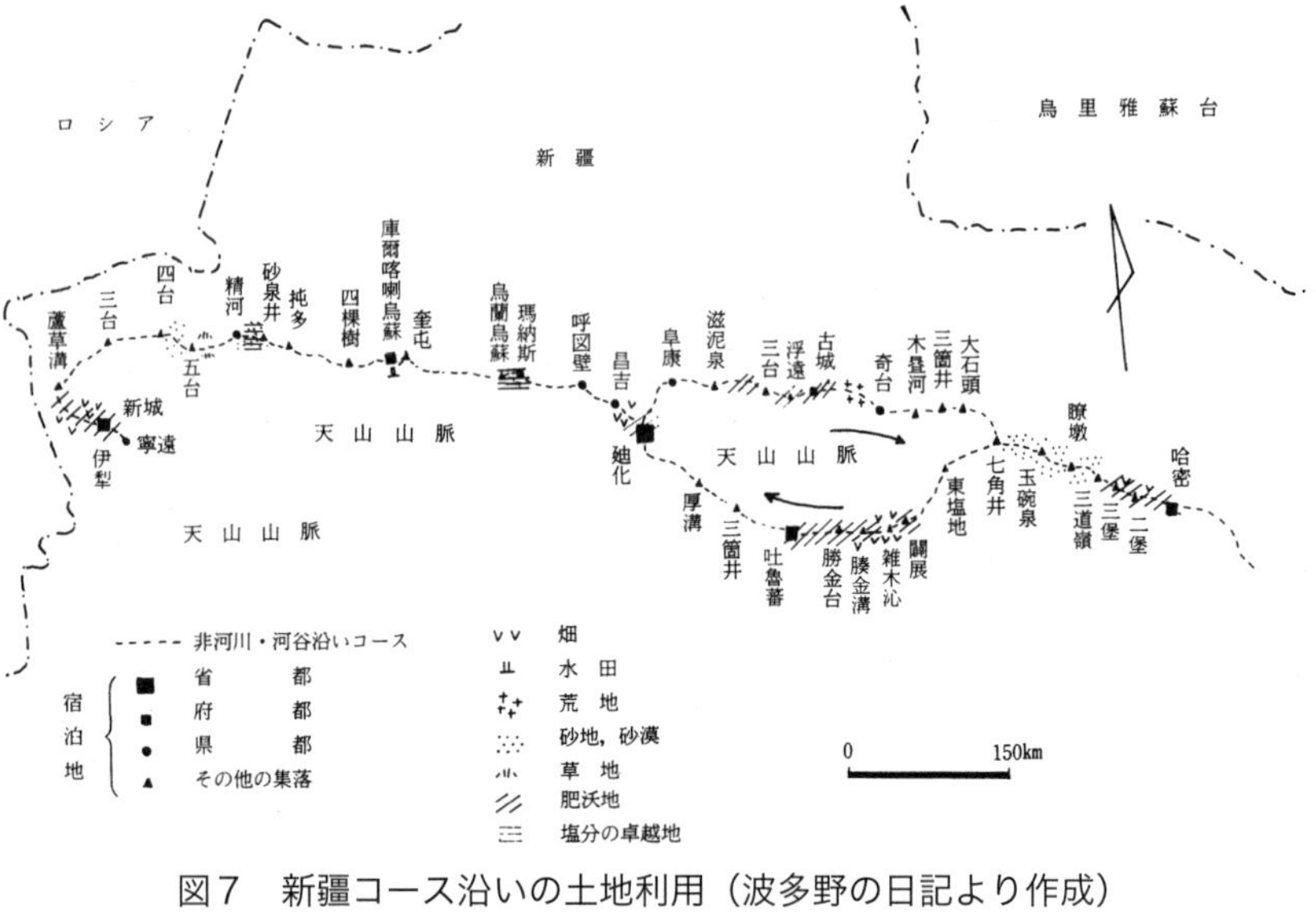

図７　新疆コース沿いの土地利用（波多野の日記より作成）

この書院生五人のうちの一人は現地から先生になってくれと呼ばれ、再度西域へ出かけ、現地でモンゴルの人達に教育をしています。林出賢次郎という方で、のちに満州国の溥儀のお世話をいろいろしたんですが、溥儀の肩を持ち過ぎるというので関東軍から首になっています。この写真は先ほどの波多野養作氏で、卒業後に中国のほうで鉱山の会社に勤めておられた時のものです（写真7）。私が各地の卒業生のところへききとりに回っている最中に、北九州の加藤さん（二三期）から「私と一緒に波多野さんが写っている写真があります」ということで提供していただいたものです。しかし、波多野氏は四〇歳過ぎの時に自殺をしてしまいました。日中戦争が始まって、軍部のしでかしたことは非常によくないことだ、自分達のしてきた日中友好の努力が水の泡になってしまったと悔やみつつ、ご遺族からのお話ですと「軍部の馬鹿野郎！」と言ってピストルで自殺をされたとのことでした。

写真７　波多野（左側）と加藤の鉱山勤務時の写真

五　「大旅行」への展開

　しかしその二年間の五人による西域への大旅行の成功のおかげで、外務省から報奨金として三万円が書院にわたされました。その三万円で少なくとも三年間は学生達がやりたがっていた中国旅行ができるということになり、いよいよ書院生による大旅行が始まりました。一九〇五年の入学生が三年生の時、つまり一九〇七年からです。出発時の写真が沢山残っています。こういう頭陀袋を持ち、まるでアフリカ探険隊のような服装です。ゲートルもみんな学校が提供してくれたそうです。各チームにライカのカメラが一台ずつ渡されました。しかしお金は最小限しかもらってなかったという話です。だいたい二人から五～六人が一班を組み、毎年一〇班あまりが、五月の終わりぐらいから八月さらには九月いっぱいにかけて五か月間ぐらいの旅行がけっこう多かったようです（写真8）。

　大旅行では調査の目的地へ行くまでにもなるべくいろいろなところを見て回ろう、帰りもいろいろなところを見て回ろうというわけで、船に乗ったりとか一部開通した鉄道を利用したところもありますが、ほとんどは歩きで三か月から五か月間の長旅でした。しかも当時日本の人達が中国へ行く時には大都市へしか行きませんでしたが、彼らは農村を中心に歩いたのです。ここが非常に貴重です。農村で農民の人達と対等に、同じ視線でお付き合いをしています。それで中国が好きになったという卒業生がアンケートでも多かったです。書院の入学生も当時の日本はまだ農業の国で農村地帯から出てきた方が多かったですから、中国の農村や農民に親近感を持ったのではないでしょうか。しかし中国のインテリ層

川又　中込　瀧口　花田　釜澤　水田　石井　〔A〕

〔D〕　佐伯　坂梨

水谷　坂口　本多　鋤柄　浅井　〔B〕

〔E〕　籠谷　久松　武内　古橋　高井　堀田　増田

小川　小宮　平澤　若山　益田　萬澤　〔C〕

写真８　様々な旅立ち（各旅行誌より）
〔A〕滇越蜀経済調査班（21期生）
〔B〕南支沿岸産業調査班（21期生）
〔C〕秦蜀産業調査班（21期生）
〔D〕北支商業事情調査班（21期生）
〔E〕山西綏遠調査班（22期生）

は農村・農民が嫌いです。今でもそうです。偏見があります。したがって、中国側研究者が農村に入って調査をやるというのはあまりないのです。それだけに書院生の記録は重要です。書院の学生達が記録をしたものは、風聞・噂は一切書かず、見た物、確認した物しか書かないということでしたから、客観的な情報がどんどん蓄積されていったわけです。

ビザは風呂敷をいっぱいに広げたほどの大きさです。ここに各地の訪問先などが書かれています。中国側も書院生にビザの発行を認めて、各ルート沿いの知事に「これから書院の学生が行くから」という連絡をしています。従って書院の学生は旅行先の県に行くと、まず最初に知事に挨拶をし、その領域を旅行することをお願いするわけです。すると知事側からは「ここは病気がはやっているから行くな」とか、「軍閥が非常に勢いを持ってきた」とか、「土匪（泥棒・強盗）が危ない」とかいろいろ中止や警告を言われる時もあったのですが、そんな時も必死に抵抗して最初の目的を達成しようとしています。各知事が書院生の護衛のために兵隊を提供してくれ、それと一緒に旅行したとか、いろいろな旅行の最中の出来事が冒険旅行風に彼らの日誌記録に描かれています。現地で病死してしまった人が何人かおられますが、それ以外の事故で亡くなったということはありませんでした。五千人近くの方が参加した「大旅行」でしたから、これは奇跡に近いことかも知れません。しかも当時の中国は清国から民国政府になったとはいえ、軍閥間の激しい戦争が各地であり、また強盗団の土匪も各地で出没していたのですからなおさらです。

上海はコスモポリタンの町でしたが、そんな中、一九二〇〜一九三〇年代は書院の一番のピーク時でした。そういう様子が背広姿の服装をした当時の写真9からも読み取れます。自由な雰囲気の中で書院生のコスモポリタン的性格が上海で養われたと思います。私はずいぶんいろいろな卒業生とお会いしてお話をした中で、卒業生の方々はコスモポリタン的と言いますか、日本国内で育った日本人とはちょっと違うところがあると思いました。ディスカッションは大いにやるけれども相手を恨まないという点は、書院の卒業生の国際性を示す雰囲気が感じられます。日本人同士ですと議論をすると、そのあと相手と敵対関係になってしまって口もきかないというケースが多いのですが、書院の方々はその辺はドライです。また、上級生と下級生の太いつながりが強く感じられます。

では「大旅行」ではどんなコースを回ったのかというのをいくつかのコースでご紹介します。図8のコースは上海から内陸奥地へとこういうようなコースです。図9は上海から船で青島へ行って北満のほうへ入る。図10のコースはずっと沿岸部から、香港を通って今のベトナム（当時のフランス植民地、安南）へ。「フランス人は非常に横柄だ」というような文面がたくさん出てきます。しかし「フランス語を書院生はもっと勉強しておかないと調査できないぞ」と後輩に伝えている記録もあります。そこから雲南に入る。雲南から四川へのコースは強盗団がいっぱい出る、危ない場所でした。山を越える省境あたりです。私も一昨年に通ったことがあ

写真９　背広姿への変身。自由なふんいきと国際人への芽生えも。第28期生（1931年）

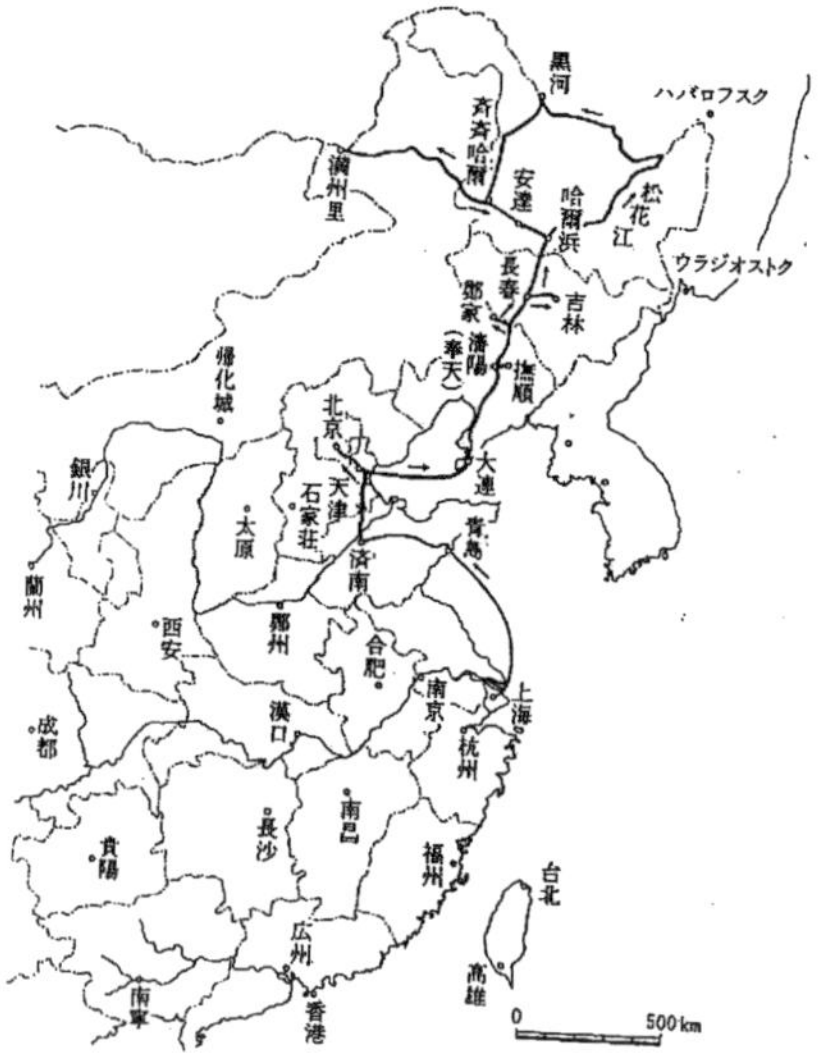

図９　北満及国境調査旅行コース

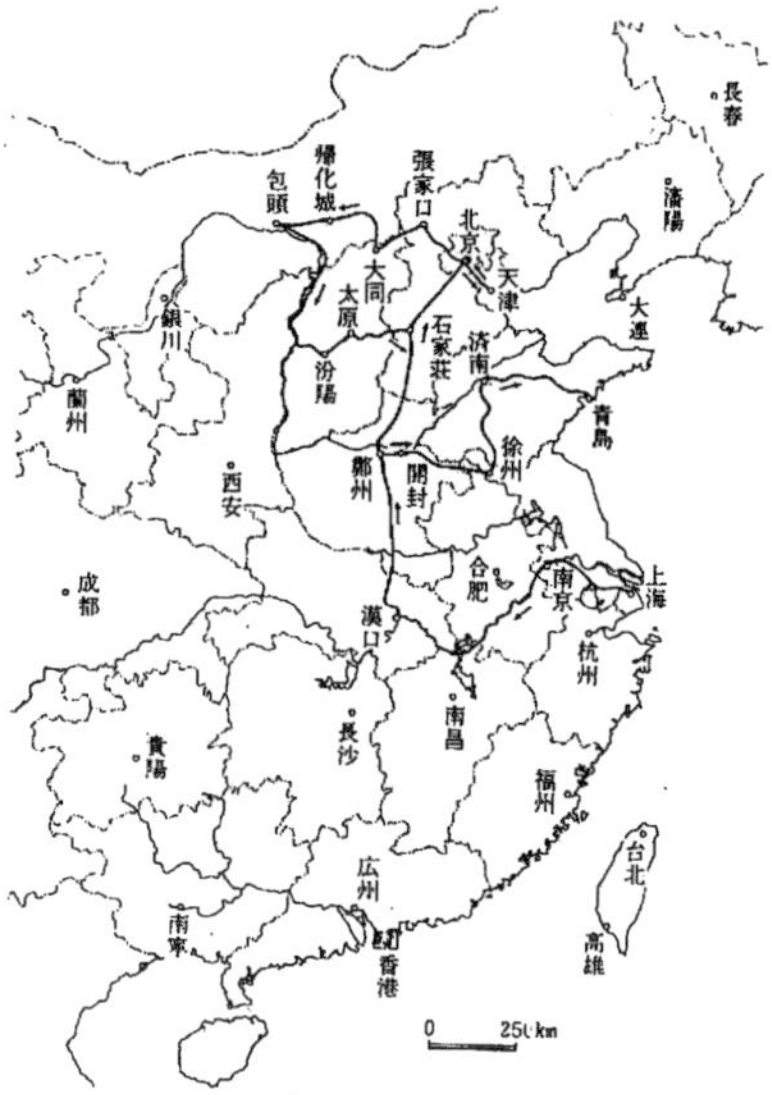

図８　山西陝西黄河流域調査旅行コース

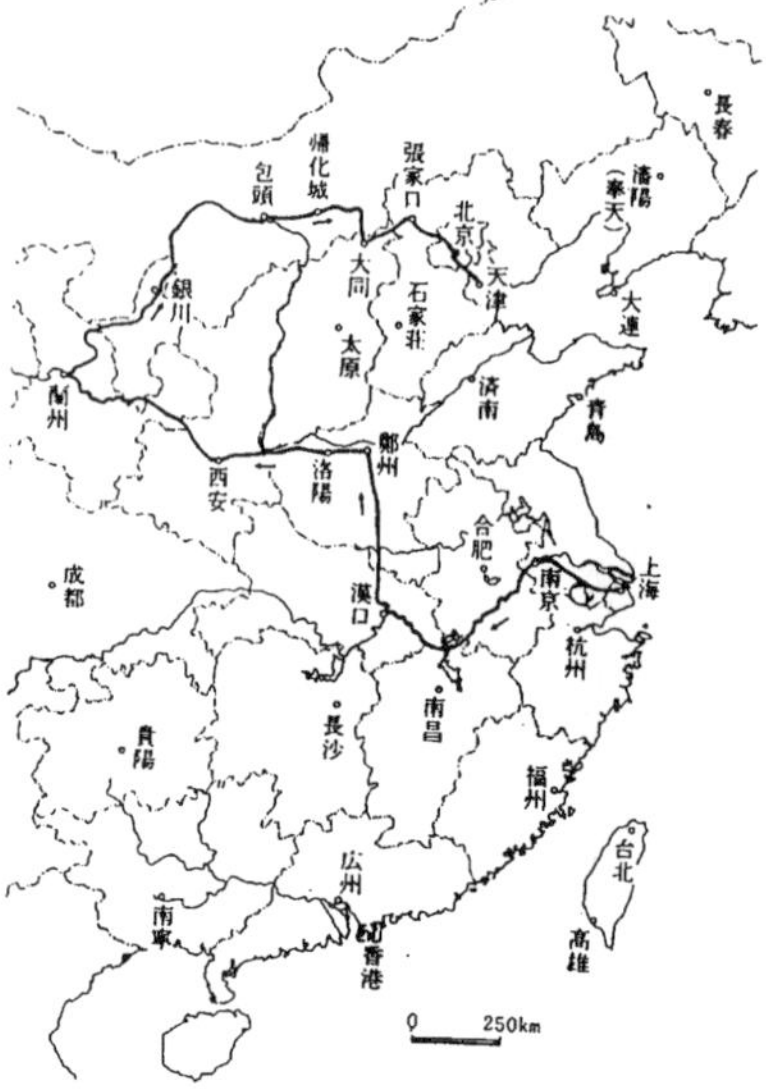

図11　秦隴北路調査班旅行コース

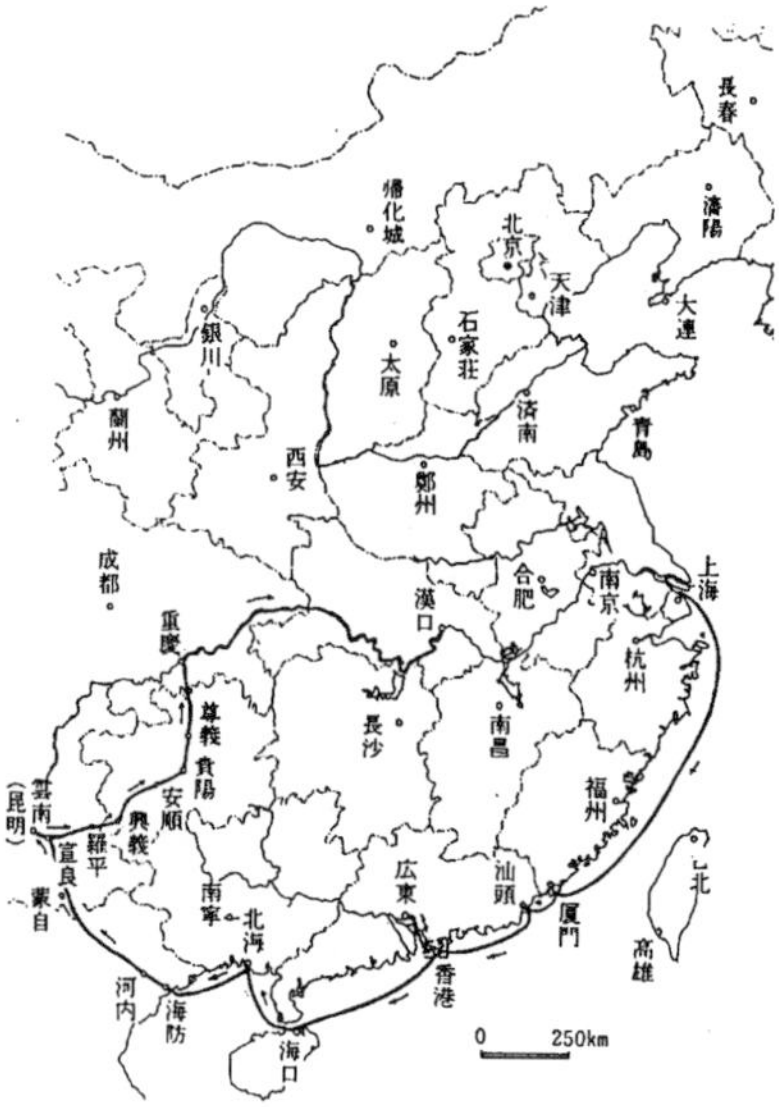

図10　滇蜀経済調査旅行班コース

ります。それを突破して重慶に行ってあと長江沿いに帰ってきています。

第11図は長江を漢口までさか上り、漢水を経由して鄭州、洛陽、函谷関を通って西安、さらに蘭州へ抜け、黄河を下り、包頭から北京へ向かったコースです。このコースを少しみてみましょう。当時の中国はきちんとした地図がありませんから、途中、歩幅でもって村や町の地図を作っています。これがその一つの、避暑地の作品です（図12）。その時のライカで撮った写真も、ちょっと写りは悪いですがいろいろ残っています。写真8の日章旗を持って歩いている写真はナショナリズムの表れというわけではなくて、ああいう目立つ服装をしたというのは、自分達のグループは中国人ではないんだということを示しつつ歩かないと危なかったということだったようです。

一人たたずむという写真は当時の書院の人達は

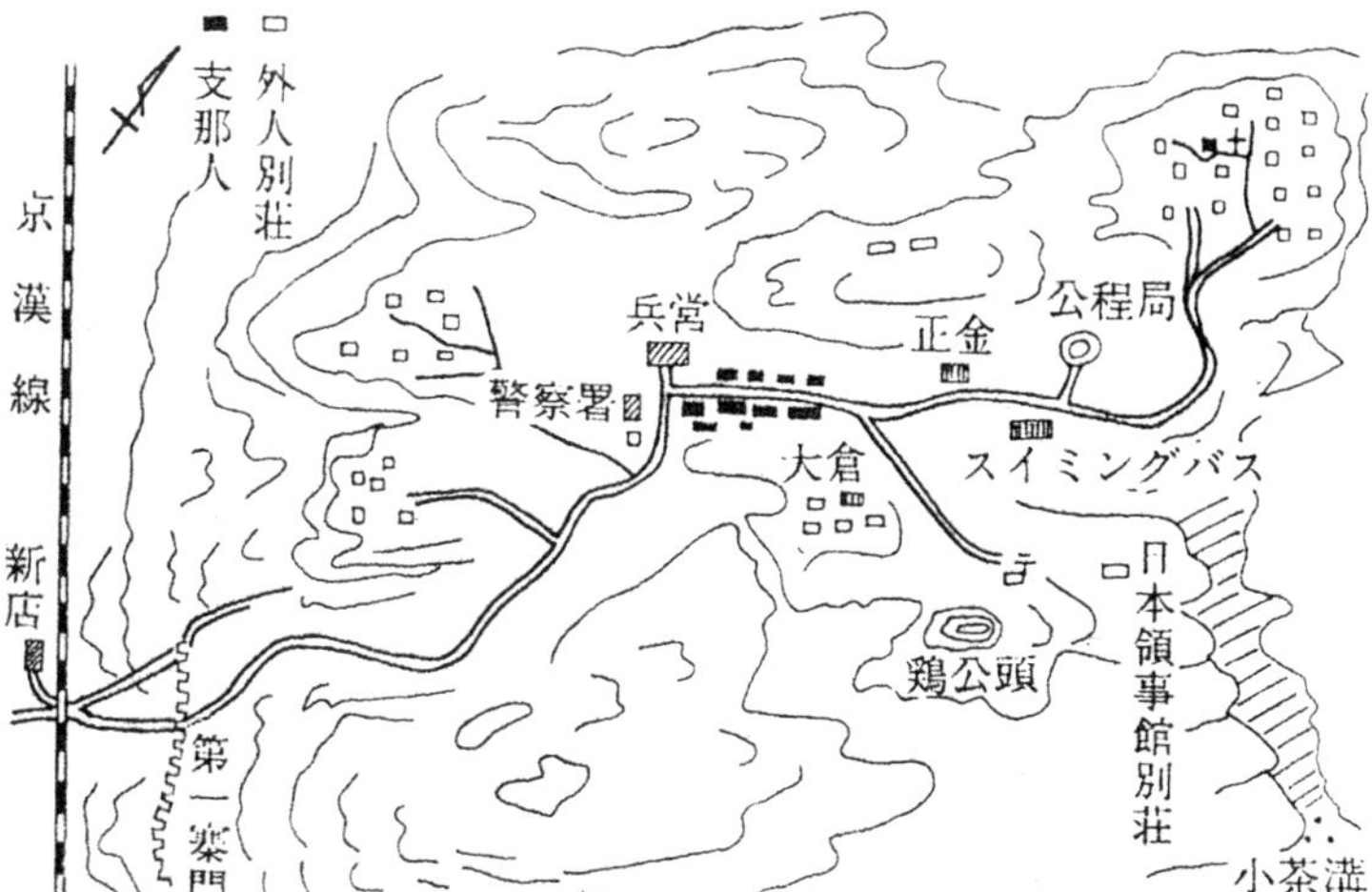

図12　避暑地の実測図

好きだったようですね。こういう写真があっちこっちにありますが、代表で一枚だけ挙げさせていただきます（写真10）。途中にある竜門石窟で、中に人が住み込んでいたことが記されています。今は観光地になっていますが、当時の非常に荒れた状況をとらえています。この中原から伊水のほうへ入っていく入口に「箱根の山は函谷関」と日本でも歌われた函谷関があります。ここは今でも日本の観光客があまり行っていません。ここも崩れかけているという記述がありました。

途中、危険な道もあります。例えば、黄河沿いの狭く凹状の道など、こういう谷間を歩く時は非常に危ない。強盗団の土匪が前から後ろからチームを組んで襲う恐れが多いからだと記しています。私も何度か中国へ行ったことがあり、道で強盗をやっている最中を見たことがあります。前のほうに二人、中央で強盗で相手を脅しつけているのが二人、後ろのほうに二人、計六人ぐらいがセットで、真中を挟み込んでやっている。そういうのを警戒しながら歩いていく、と書いてあります。これは今でも変わらないようです。私も愛大の学生を連れて中国の国内旅行へ行ったことがありますが、西安の大雁塔の上であっという間にスリのグループにあって、たくさんの学生がいろいろなものを取られてしまったという苦い経験をしたことがあります。皆さんもこういう細長い階段や狭い広間で物を見たりする時はご注意いただいたほうがいいかも知れません。これは張家口（写真11）です。今はずいぶん近代化した町ですが、埃は昔も今も変わりません。砂漠のほ

写真10　旅の途中で一人たたずむ

うから吹き上げてくる埃です。黄河の中流で黄河が氾濫している沖積地帯があります。これはユートピア（写真12、右側中央）。これもあまり日本の観光客は行っていませんけれども、こういう貴重な記録の写真もあります。こういう形で見ていきますと、書院生が中国をくまなく歩く様子がお分かりいただけると思います。時には馬に乗り、これは船の中です。これは馬車です。これは疲れ果てたという感じです。道の両側が非常に深く掘られています。雨が降ると大変だという状況が分かります（写真12、左側中央）。

辛亥革命後各地に軍閥が勢力を持ってきますが、書院の学生が訪問するとこういう人達がきちっとした服装で大歓迎をしてくれています。軍閥というと何となく泥棒の大親分みたいな感じが日本ではするんですが、実はインテリでありまして、あとでもお話ししますが当時の自分の守備範囲の地域に関しては近代化を推しすすめた指導者です。しかも日本へ留学した人が多いので、日本語も話せる軍閥のトップがけっこういました。

中国だけではなく東南アジア諸国もずいぶん巡っています。タイを除くと当時はみんな植民地でした。そういう植民地の統治の仕方とか、それがどういう

写真11　埃の張家口（班員撮影）

黄河上流の峡谷

蘭州の水汲み

北京郊外にて

ユートピア三導河

歩み疲れて（班員撮影）

山西省太原城外の景 1908年

馬車による旅行風景（22期生）

写真12 「大旅行」中のスナップ写真

ふうに具体的に現地に出ているのかというようなことを、学生達は細かく書いています。例えば、フィリピンへのコースを見ていますと、戦前の東南アジアにはけっこう日本人がスムーズ（というのは言い過ぎかも知れませんが）に各現地へ広く入っていて、書院の学生を歓迎してくれているんですね。それであっという間に現地日本人の車で次の目的地へ着いてしまう。中国だと車も道路も不十分で歩かなくてはいけないんだけれども、こっちは車で移動できる。日程が早く済んでしまうのでびっくりしたということが記録されています。植民地下で道路が整備されていたためです。同時に日本人は現地の人達から非常に慕われているということが盛んに書かれています。だから戦前の東南アジアと日本の関係は非常に良かったということが、こういう記録からよくわかります。そういう点でも太平洋戦争によって日本軍がその関係を破壊したというのが非常に残念です。コースの中にはインドネシアを縦断、さらにスマトラを縦断してマレー半島、シンガポールそして上海へと、本当にこの間は長大な旅行をしているケースもあります。その分、情報もたくさん得ています。

また、今日おみえになっている、書院の卒業生で一〇〇歳を迎えられた安澤さんが辿ったコースをみますと、最初雲南から北の四川のほうへ行く予定がうまくいかなくて、チベットに行こうと思ったら現地で約束した隊商が来ない。地図を見るとビルマに出るコースがあるということでビルマへ方向を変えたということです。このコースは後の日中戦争時にアメリカ軍がつくった援将ルートです。川が幾重にも谷を刻みながら流れていて、それらを鎖で渡らなくてはいけないというようなすごいコースを、五〜六人のチームでビルマへ向かったのです。これは大変な難コースだったと思いますけれども、途中馬を安澤さんがはじめて扱い、ビルマへたどりつき、そのあとシンガポールへ向かう船で客に病人が出てみんな消毒のために足止めをくらったことも書いてあります。この七月に本学で安澤さんに講演していただいて、今回のフォーラムにちょうど間に合うというのでそこでの講演記録を『東亜同文書院とわが生涯の一〇〇年』というタイトルで出版させていただきました。この会場の入口に並んでおりますので、ご希望の方はぜひお求めいただければと思います。安澤さんは今年の三月で一〇〇歳になられました。一〇〇歳になってもまだ、と言っては怒られますが、ますますお元気で、水墨画では第一人者ということですし、社交ダンスもなさるし、というわけでぜひお帰りには皆さん方、安澤さんからオーラをいただいてください。こんなすごい大旅行をなさった方でもあります。ご希望の方々は詳しいお話が聞けます。

安澤さんは今、水墨画をされていますが、旅行の途中雲南の少数民族のところでこういう絵をたくさん書かれました。かわいらしい小品の絵です（図13）。日記文の中の絵で、これが生々しい記録なので参考になります。これ以外にいわゆる卒業論文になった、それぞれテーマを自分で決めて行った調査報告書というのがあります。私はこれらのうちのこの日記に注目して、いろいろ読ませていただきました。安澤さんは他にも色々描かれていて、さまざまな人々と彼らの生活に関心を持たれたということがよく分かります。これらには阿片の道具の図などもあります。細かく観察して書かれている。これは元の図が見にくかったものですから、私のほうでリライトさせていただきました。

ところで、書院生は旅先で当時の軍閥同士の争いを広東やその他各地で見ています。書院生は各班に一台ずつカメラを持っていたからスパイと間違われ、領事館にすぐ連絡をして解放してもらっています。そういう時には書院の学生は軍閥側も領事館側も別格扱いで、いとも簡単に解放されたようです。辛亥革命が起こった時も、漢口のあたりを二チームがちょうど通りかかってその中に入り込んでしまった記録があります。その時も書院学生だと分かると両陣とも非常に敬意を表してくれすぐ解放してくれたという記録もあります。こういう文書を見てみますと、先ほど司会者が言っていたように単なる記録ではなく、歴史の生き証人と言いますか、実際の体験を通してどんな扱いを受けたかとか、どんなふうに反乱軍と清朝の政府軍が闘っていたか、そんな様子が手に取るように分

図13　雲南奥地のコース途中で安澤隆雄氏（25期）によって描かれた少数民族の少女

かります。貴重な記録で、中国の人もそんな記録は残していないと思います。

少し東南アジアの記録もみましょう。ベトナムのユエの写真もあります。ベトナムのちょうど中央にあり、ここに古い都がありました。もちろん、安南王朝のお城の写真もあります。ベトナム戦争で半分ぐらい破壊されますが、今はきちんと修復されて、ほぼできあがっています。全貌は写っていませんが。そのほか、日本人が昔作った日本人橋の写真もあり、この橋は今も残っています。

以前から書院生は満州にも出かけておりましたが、満州事変が起こりますと中国政府は二年間書院生にビザの発給をしてくれませんでした。中国政府もさすがに満州事変に関してはけっこう反発をしました。そのため、書院生は従来通り内陸部の調査をやる計画を立てながらそれができなくなって、急遽、満州しか行けなくなってしまいます。その時にきめ細かく満州へ入って調査をすることになりました(図14)。準備なしで入ったチームもありましたが、そのために満州の記録が結果的にはたくさん残されることになって、現在私もこういう記録を中心に、この前の記録も含めて満州への「大旅行」記を編集中です。そういう点では非常に興味深いものがあります。

その満州で熊や虎がいる興安嶺を徒歩で縦断した班もありました。虎対策用かどうかわかりませんが日章旗を掲げて歩いている写真があります。小興安嶺、大興安嶺を縦断しているんですね。びっくりするような大旅行です。

そして、最後に編集チームを組んで、それぞれの班が行った中でクライマックスの部分、いいところを中心にダイジェスト的に書いて、これを活字化し製本出版したシリーズもあります。本日、全国図書館総合展の一階のフロアで愛知大学の展示が行なわれていますが、各班のダイジェスト版の旅行日誌三○数冊を、隣にあります本屋さん、雄松堂さんにオンデマンド方式で出版していただいています。本年が愛知大学の六○周年にあたり、またこの旅行日記の出版記念もあってこの図書館展に愛知大学が出展させてもらったわけです。本筋へ戻りますと、毎学年代表の人達が編集委員となって本を出したわけです。その指導をされたのが書院卒業生の馬場鍬太郎という経済地理学の先生です。私も地理学をやっているものですから、指導された内容を学生が書いているものは私にとっても親近感があります。この先生がだいたい書院の一番いい時期に指導を担当されていました。

写真13は軍閥の指導者を訪ねた時にさっと書いてくれた揮毫

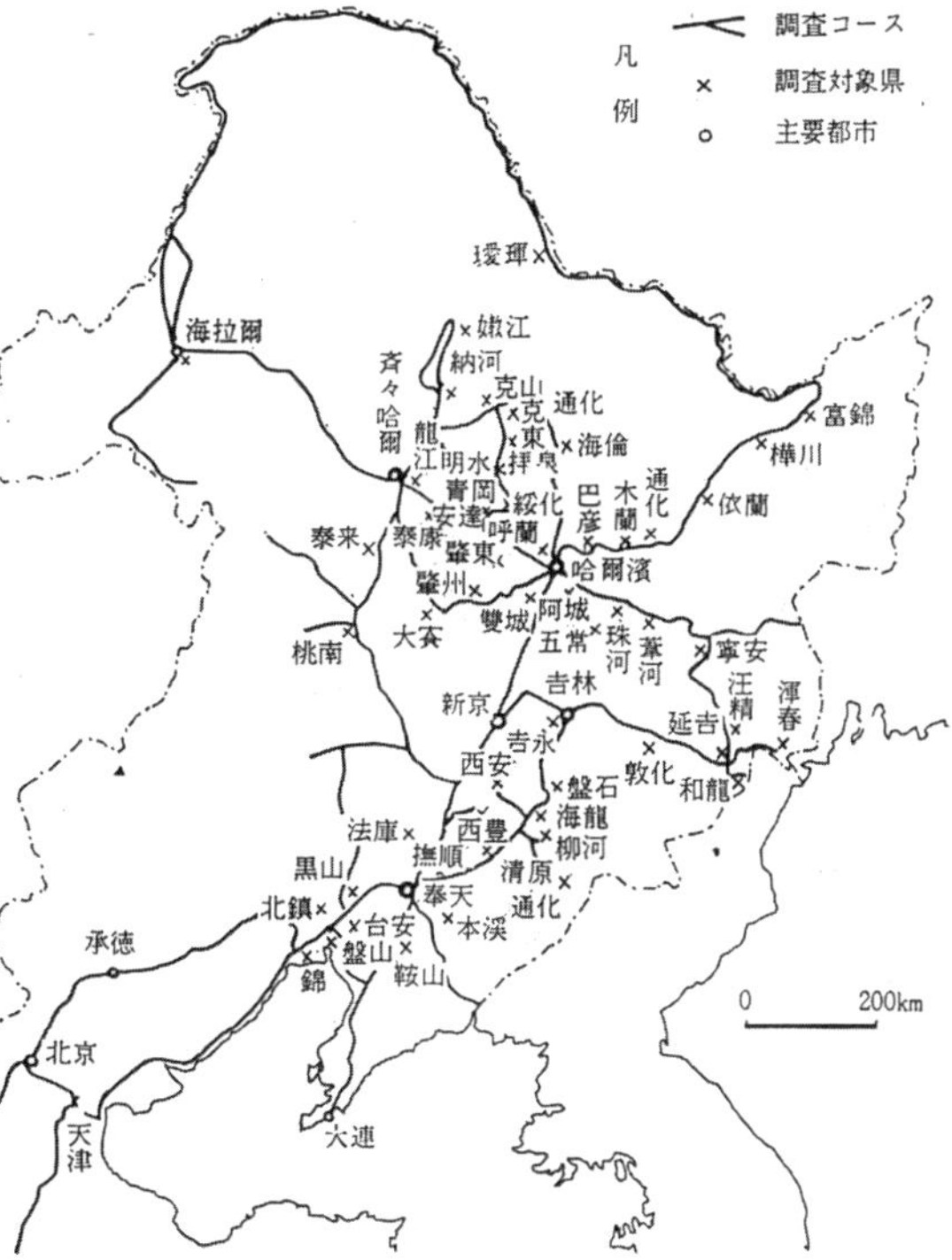

図14　第30期生による満州調査コースと調査対象県の分布

です。字が大変上手で、前述したように指導者がインテリだということはすぐ分かりますね。左側は曹錕の書。古い方ならお名前を知っていると思いますが右側は呉佩孚の書です。非常に達筆で書かれています。両将軍とも風船が思い切り膨らむように勢力を拡大しながら、突然ポンと穴があいて勢力を失ってしまいました。このように軍閥という言葉は内容的にはイメージと違うところがあります。犬養毅もこの旅行日誌の巻頭に書を寄せています。民国期の何人かの大臣なども書院の旅行記の巻頭に揮毫を寄せておりますので、民国の方々もけっこう書院の各期の旅行記の刊行をお祝いしてくれたということがわかります。

　表3はどんなテーマをどの地域で調査したかということを、一七期から二一期までだけに関してまとめたものです。やはりこの時期は商取引に関するテーマが多いですね。しかし、それがいろいろな地

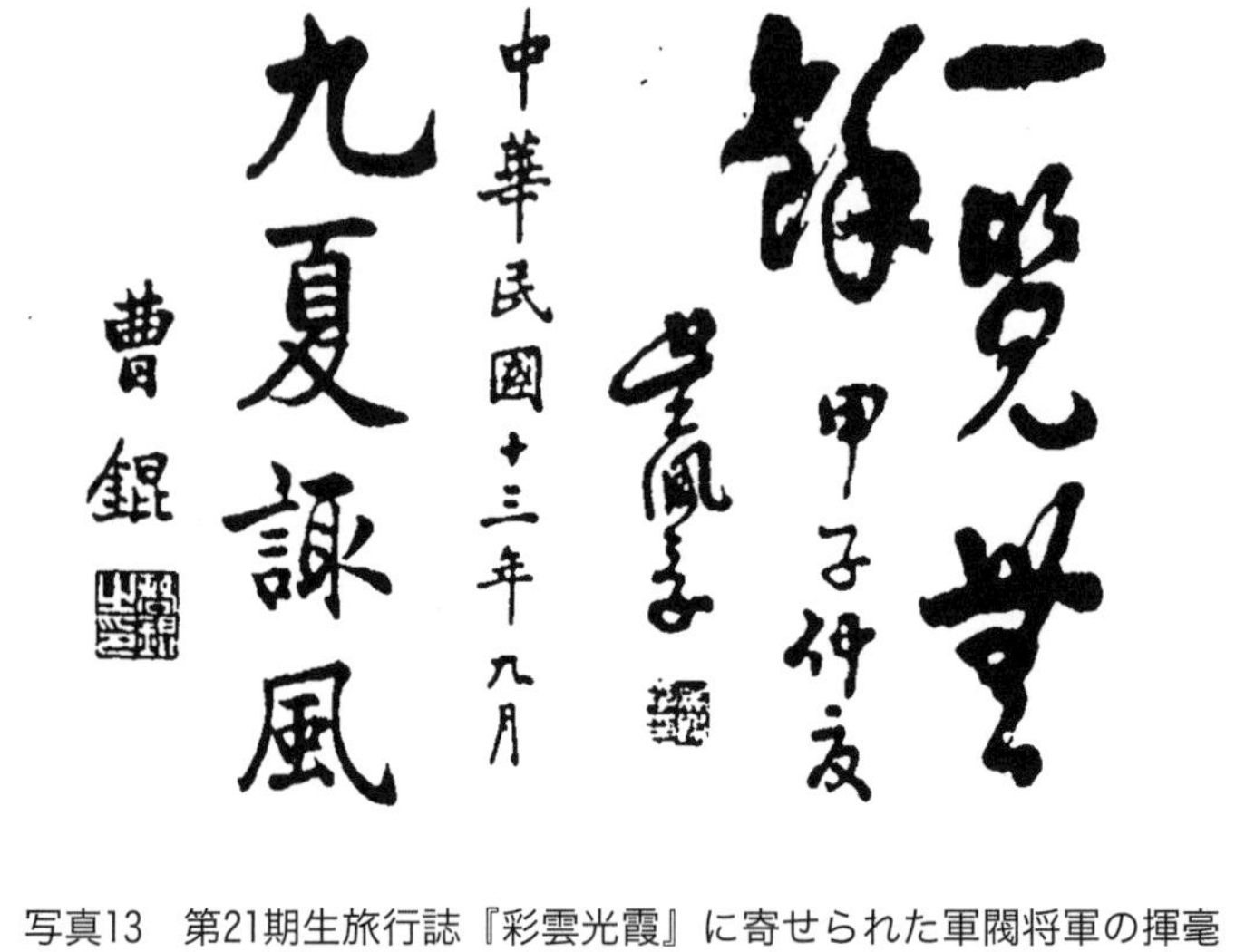

写真13　第21期生旅行誌『彩雲光霞』に寄せられた軍閥将軍の揮毫

域にばらまかれています。これに教育、文化、歴史などの問題も加わってきて調査対象の幅が一気に広がってきます。それが書院を実務的なレベルからアカデミーの世界へ発展させ大学へ昇格していったと考えられます。単なる貿易実務あるいは商取引だけのテーマから、非常に幅広いテーマへの発展拡大です。

しかし戦時色が少し強くなったり、非常に大きな出来事があって、排外運動や排日運動によりコースが制約されてしまったこともありました。三四期では多くの学生達が内陸旅行を予定していたのですが、ほとんど広東、漢口ぐらいか

表３　第17～21期の調査旅行のうち、調査対象別地域数の一覧表

調査対象＼調査地域	満州	内蒙古内陸	華北	華中	華南	四川雲南	合計
鉱　業	1				1		2
塩　業						1	1
油　業					1		1
綿　花			1	2			3
繊維原料						1	1
茶　業				1			1
羊毛・皮		3	1				4
水　産			1		1		2
工　業			1	1			2
産　業					1	1	2
経　済		1	4	6	5	5	21
貿　易			1	2			3
借款企業			1				1
金　融			2	4	1		7
商業制度	2		4		1		7
水　運	1			1			2
汽　船			1				1
航　運				2	1		3
移　民					1		1
教　育				1			1
飢　饉				5			5
計	4	4	17	21	13	8	71

（分類が可能な分だけ示したので、合計数は対象年次の総数コースとは一致しない）

ら、北京、大連あたりまでしか行けませんでした。また台湾などにも行ったりして、コースが縮小していきます。中には冒険心に溢れて四川まで行ったチームもありますけれども、非常に制約されています（図15）。この図は三八期生の大旅行コースです。このあとに書院は大学に昇格しますが、戦争が激しくなってきて、コースはもっと沿岸部に制約されていってしまいます。

　そういう形ですすめられた大旅行は四三期でだいたい終わってしまうわけですが、合計しますと中国と、東南アジアで約七〇〇コースになります。七〇〇コースもありますので書院には中国から東南アジアのすみずみまで、当時の膨大な地域情報が蓄積されていた

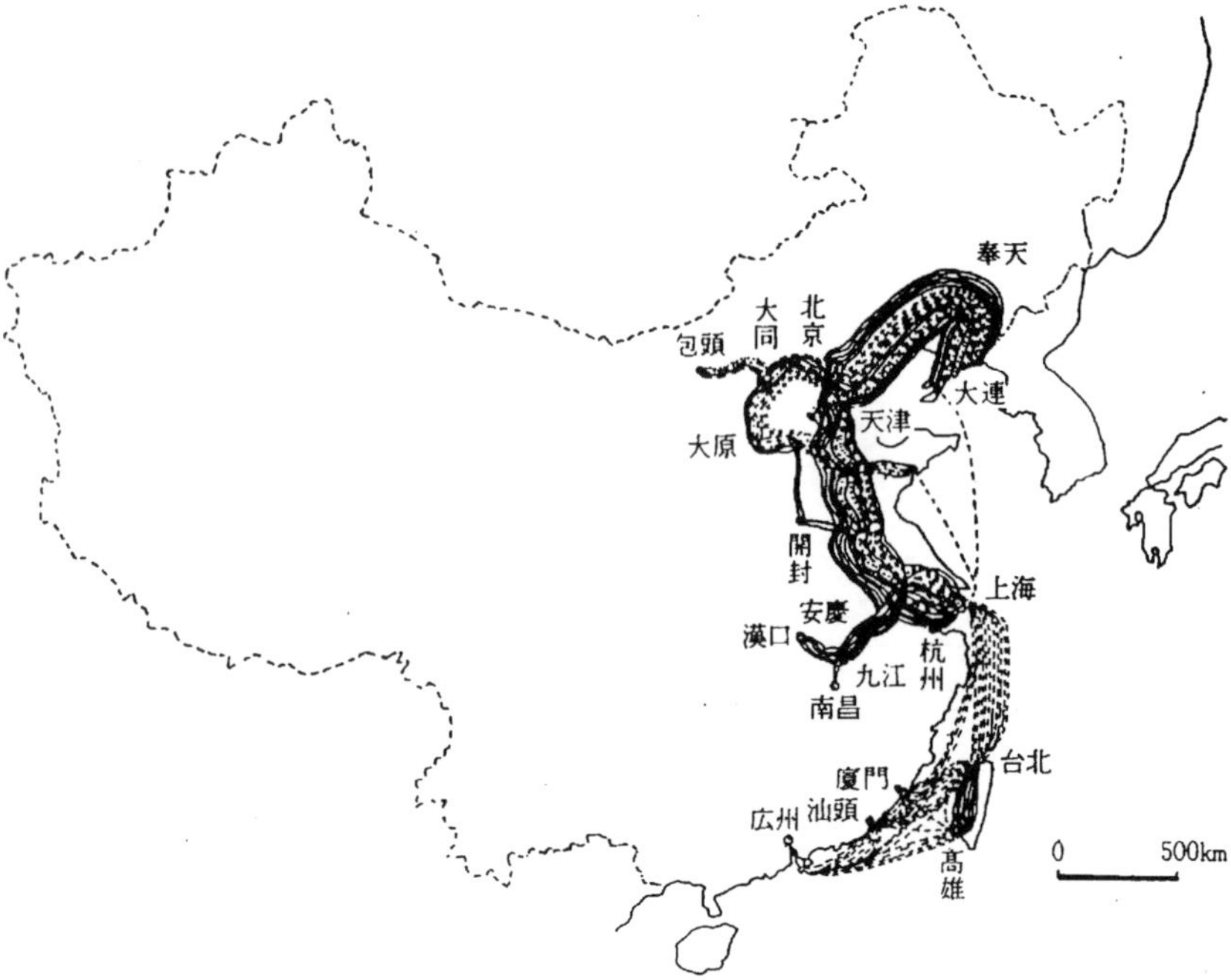

図15　第38期生による大幅に縮小された31コースの図
（重複をさけたため、コースにふくらみがある）

ことになります。これは五期から二三期までだけの旅行コースです（図16）。これ以上示すと図が複雑になってしまいます。二〇期代というのは非常に書院自体が充実した時期なんです。図17は中国だけですが、各メッシュ内で何本線が入るか本数を勘定したものです。濃密なところと、疎らな山間地域などがあります。ほとんどのところへ行っているということです。

ではどうやって大旅行を計画したのでしょうか。先ほどのアンケートですが、「テーマを選ぶ」、「行きたい地域を選ぶ」、「教育学校の助言指導」、「自分達の希望による」などが多いですね（表4）。ただ後半になりますと排日運動とか戦争でコースが限定されました

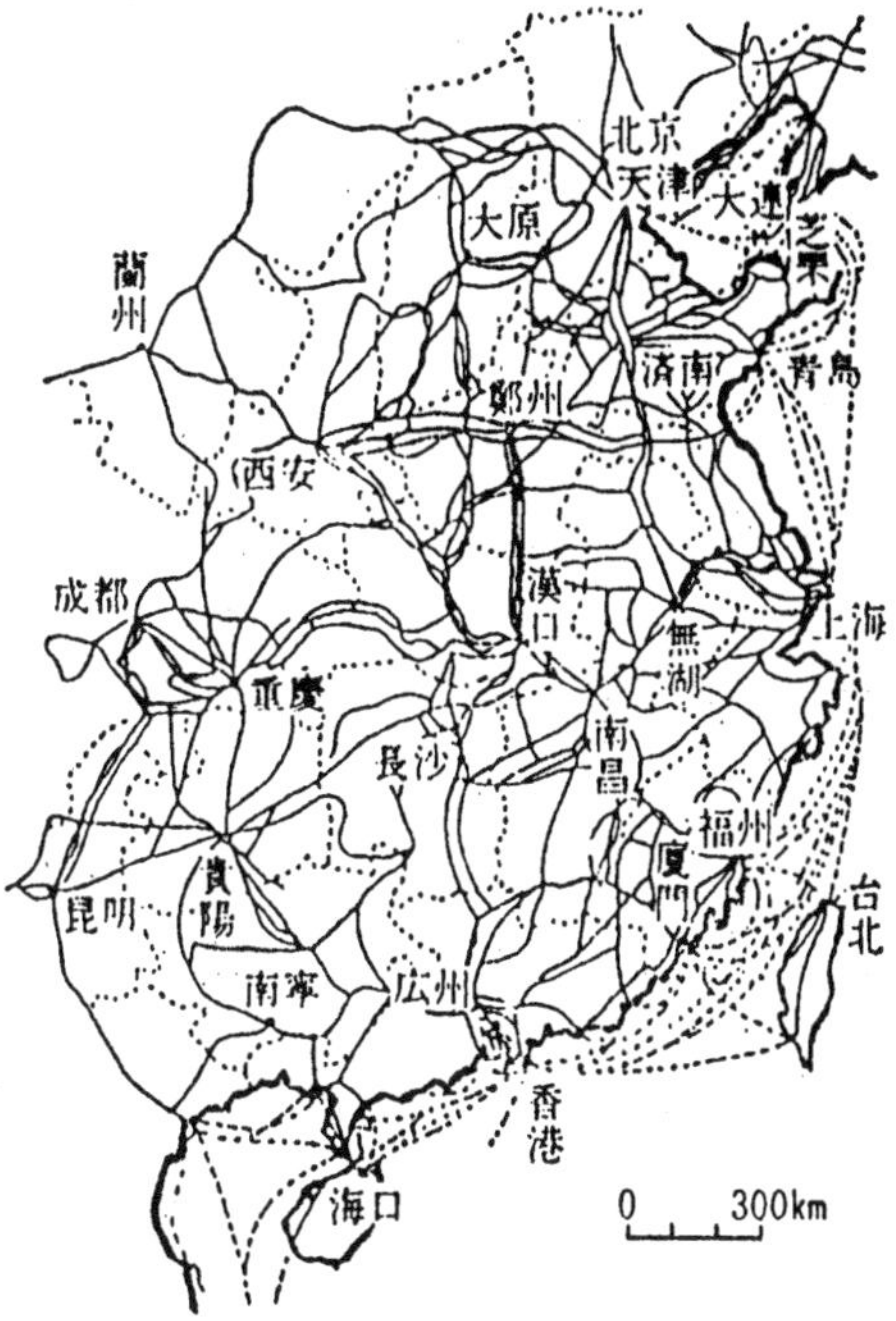

図16　第５期から第23期までの中国本土での旅行コース

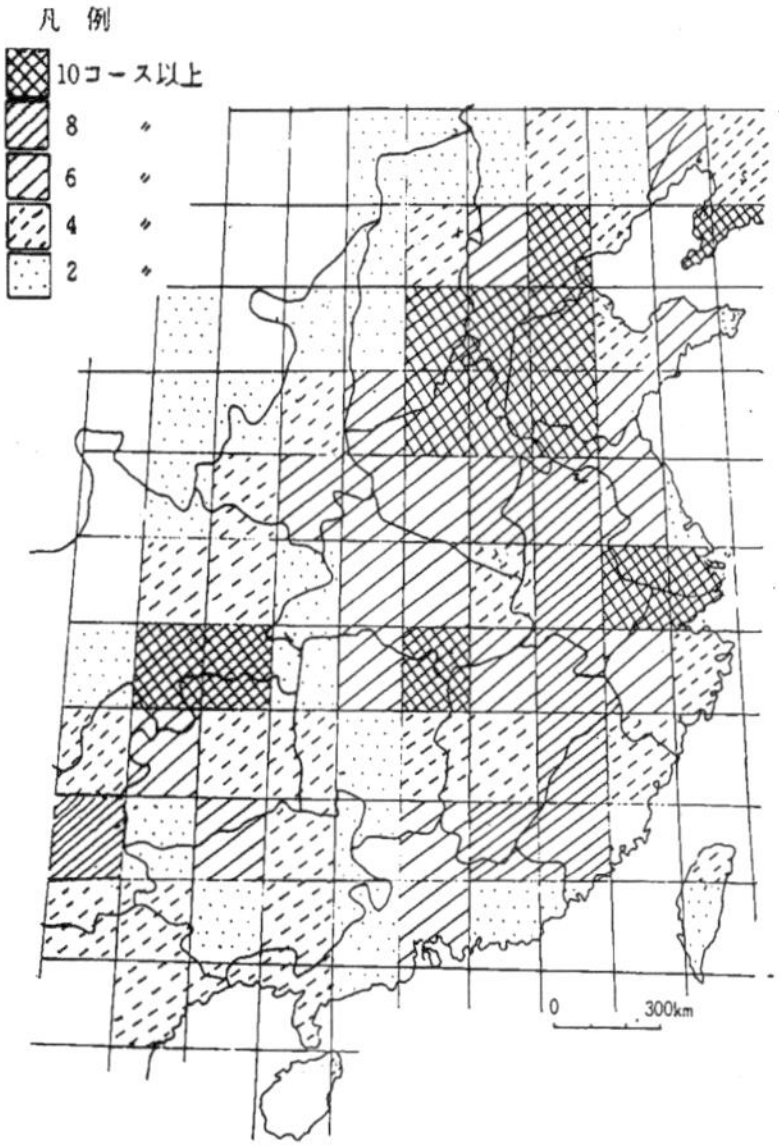

図17　図16のコースのメッシュ単位のコース頻度図

が、そんな中でもほぼ自分達の意思で自由にコースを設定しているということがわかります。どんなふうにこの大旅行に期待したかという点では「現地の人々と直接お話ができる」、「中国の実態をより深く知ることができる」、「夢と冒険」などアドベンチャー的なところと少し地元の人々と交流をしたいというところですね。次に大旅行でどんな影響を受けたかという点ですが、「自信がついた」、「いろいろな刺激を受けた」などですね。そして人生を振り返った感想をみますと、全体では「大いに満足した」、「まずまず満足した」という人が非常に多いですね。戦後引き揚げざるを得なくて、人生をもう一度やり直したという方が多いんですけれども、全体としては非常に満足しているんですね。特に書院の卒業生であることに満足度が関係しているかというと、「本当に関係している」ということで、書院との関係の中で人生への満足度を感じている方々が多かったといえます。

表４　「大旅行」コース選定の理由

内容＼期	～28	～33	34	35 36	37 38 39	40	41	合計
テーマによる	5	3	1	6	3	6	7	31
行きたい地域を選ぶ		3	1	8	10	1	3	26
教授や学校の助言、指導		1	5	4		2	2	14
班員の希望による	2			6	4		1	13
排日や戦争でコースが限定された		8	8	1	2	2	2	23
体力と効率上から選ぶ	1				1	1		3
偶然決まった					2			2
大体決めていた		2						2
その他		1	1		1			3
忘れた					2		4	6
無記入、不明	6	5	5	16	8	7	4	51
合　計	14	23	21	41	33	19	23	174

（1995年アンケートより作成）

六　書院の性格をめぐって

書院の精神について。確かに貿易実務の学校ではありましたが、根津院長は王道主義とか、儒学をベースにした思想の持主であり、貿易実務だけではない側面を持っていました。その意味では根津院長は書院の神様みたいな存在なんです。そこで書院の精神はどこにあるのかと聞きますと、「日中の提携」、「中国アジアンの理解」、など中国との関係でお答えいただいた方が多いです。また書院教育の特徴については「語学」、「自由」、「全寮制でいじめなどはない」、「人格形成」などが挙げられ、人格教育も行なわれていたと受けとられていたということです。これは教育のシステムに関わっていると思われます。

しかし、早稲田大学の安藤鶴太郎先生が戦後ご自分の本の中に書院の性格を書かれています。あまりいいことが書いてないですね。書院は植民主義的な学校であったことが書かれていて、これを読まれた方々は書院はそんな学校だったのかと思われてしまったのでないかと思います。この方は決して書院の中身を勉強して書かれたわけではなくて、東西冷戦下でイデオロギー的に書かれたところがあります。書院のもっていた自由主義やリベラル性はもっと注目されてよいでしょう。

書院から得たものについては「大いにあった」という回答が多いですが、これはちょっと漠然としていますが、満足度が高いということでしょう。その内容としては「国際感覚」など、非常に多くのものを得ているわけですね。安藤先生はああいうふうに言っておりますけれども、学生の方々は非常にプラス思考で回答しています。戦後一部からスパイ学校だというような書院への見方に対しては、「そういう見方はあり得ない」、「とんでもない」、「馬鹿げている」、「心外だ」、「くやしい」、「そのような事実はない」、「誤解だ」というようなことが非常に多くて、書院生は決して書院がスパイ学校だったという目で見ていたわけではないということです。

書院生は卒業後どういう場所で活躍しておられたかについてみてみますと、大体は貿易商社勤めで大きな都市におられた方が多い。あるいはジャーナリズムとか教育関係とか、幅広い世界で活躍されています。

私がイギリスにいた時、何回か書院についての講演をさせてもらいました。そんな時に書院の旅行のタイトルを「グレイト・エクスカーション」と付けたら、当日学内あるいは外に出されたプログラムのタイトルから「グレイト（great）」が外してありました。日本人にグレイトをつけるほどの旅行ができるわけはないというイギリス人の自負心から削られたのだと思います。しかし私が講演をしたあと責任者の教授の方が握手を求めてきまして、「申し訳なかった。やはりグレイトだ」と言っていただきました。イギリス人も見直してくれるほどの「大旅行」だったといえます。

七　書院の中国研究

次に書院の中国研究の成果です。どんな中国研究をやったのかということです。出だしは先ほど申しました荒尾、根津の『清国通商綜覧』、内容は中国についての商業地理ですね。そして『支那経済全書』全十二巻。これは学生の調査報告がそのまま出版されました。中国のエンサイクロペディアともいう成果です。前述の五人による西域調査が成功して、中国や東南アジアの調査が行なわれるようになって『支那省別全誌』として地誌の全書が全十八巻刊行され、その後次第にその調査の項目がアカデミーの方向へ展開し、「支那研究」など学術誌の刊行、これが後に大学へ昇格する一つのきっかけになったと思います。それがその後の書院生の調査報告書をベースに新たな改訂版の『新修支那省別全誌』を実現させましたが、九巻目で戦争により中止されています。また語学を徹底的に行なった。そんな中から日本人の手になる本格的な中国語教科書『華語萃編』シリーズが誕生します。それから中国語で書かれた月報。これ以外にも東亜同文会刊も含め、『支那年鑑』や中国、満州の人名辞典、個々の先生の研究書など二〇〇点を下らないと思います。いずれも中国研究に貢献しているというふうに思います。

しかし戦後、日本人の手になる中国の研究書、文献目録などからは書院および東亜同文会の刊行物全部が落とされています。これも先ほど申しましたような一種のイデオロギー的な偏見によるものです。書院の中国研究はアカデミーの世界からすっぽり切り落とされてきました。のちに私はそういうグループに招待されて書院の話をしに行ったことがあります。それは戦後のイデオロギー的偏見の雪解けであったというふうに思います。これからは書院の成果がもっと表に出てくると思います。特に一九八九年のベルリンの壁の崩壊後、書院をもっと評価できる雰囲気が非常に出てきていると思っています。私はその前から書院の研究をやってきたのですが、以前は私がやっている研究に誰も見向きさえしてくれませんでした。ベルリンの壁が崩壊した途端にワッと私の研究を評価していただいて、ジャーナリズムが取材に集中し、特集記事が次々と各紙に掲載され、一階にありましたビデオのようにＮＨＫが書院中心の特集番組をつくり放送までしてくれました。これからは書院の成果物は必ず世に出てくると思います。

では少し具体的にみてみましょう。まず『経済全書』ですが、東亜同文会から出版されています。テーマの執筆者は全部学生の名前です。何県出身とも書いてあります。昔はこういうやり方だったんでしょう。それぞれの項目に関して誰が書いたかという目次です。

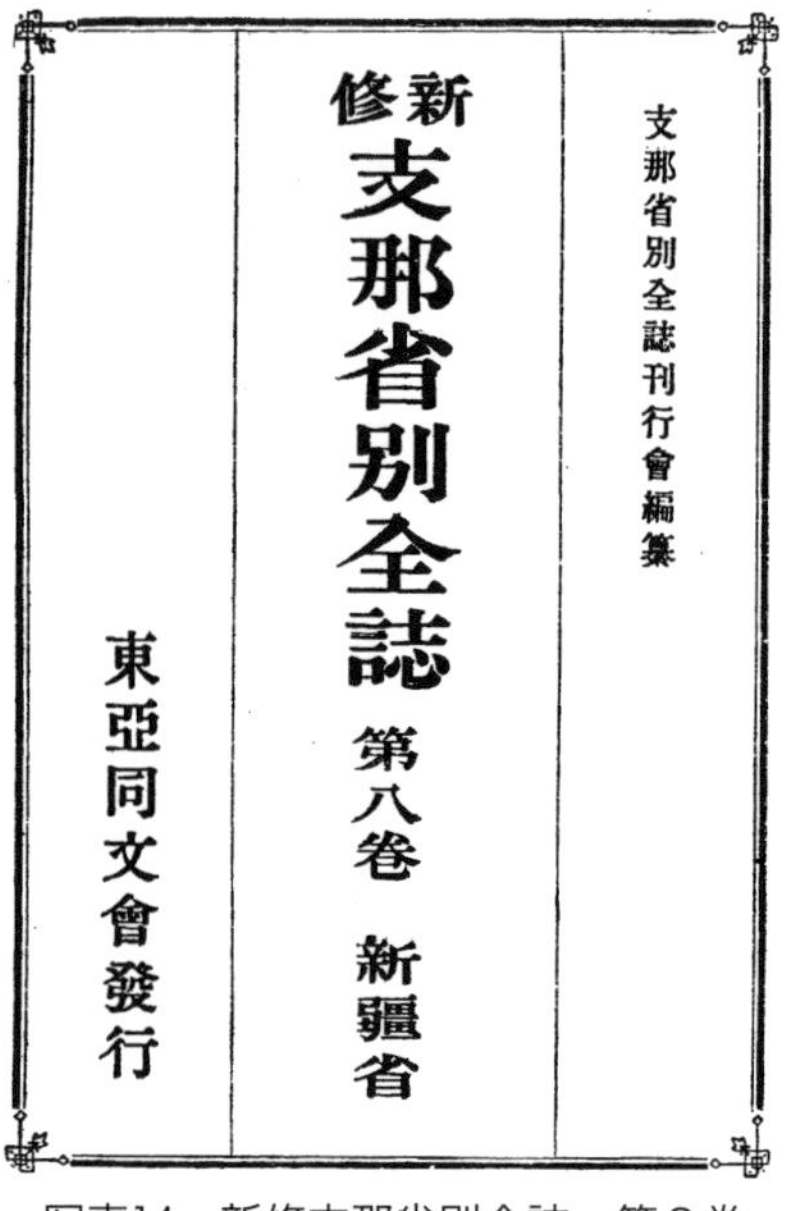

写真14　新修支那省別全誌　第８巻
新疆省の表紙

旅行が始まりますと、その成果をもとに一九二〇年代に『支那省別全誌』全十八巻が出版されます。根津院長が巻頭で「学生達が支那中あっちこっちに行って苦労しながら調査をしたんだ」ということを書いています。大正六年のことです。甘粛省の場合ですと「こういう時期に甘粛省へ調査に行った学生達の調査報告書を使いましたよ」ということが書いてあります。これは目次で、非常に細かな内容になっています。これもそうです。人文関係ですね。都市、農村、人口、産業、交通など細かく編集されています。当時の中国にはこういう実態報告はございませんでした。やはり戦前、前半期の中国を知る上では、この『省別全誌』というのは貴重な価値があると思います。一九四〇年代に入ってからもう一回編集し直して新版を出すことになりました。ところが戦争で一八巻まで出せなくて、九巻で終わってしまいました。写真14がその『新修支那省別全誌』の第八巻にあたる「新疆省」の表紙です。一八巻まで出ていたら非常に良かったなと思うんですけれども。

この時は近衛文麿会長時代です。四川省は『新修支那省別全誌』の最初に出版されたものですね。最初の省別全誌に比べると非常に幅広く、歴史、風俗も入っています。その発刊の序には、書院生が辛苦とロマンの中で中国を歩き回り、数十万枚の原稿をふまえて執筆編集したという主旨が書かれています。

地図も大幅に改良され、また変化を映しています。例えば、図18の右図は日野少佐が書いたウルムチ（廸化）の一九〇〇年頃の町の地図です。先述した五人が西域へ行った時、帰る時に林出賢次郎という卒業生が、この日野少佐が西方へ入っていくのとばったりすれ違ったことが

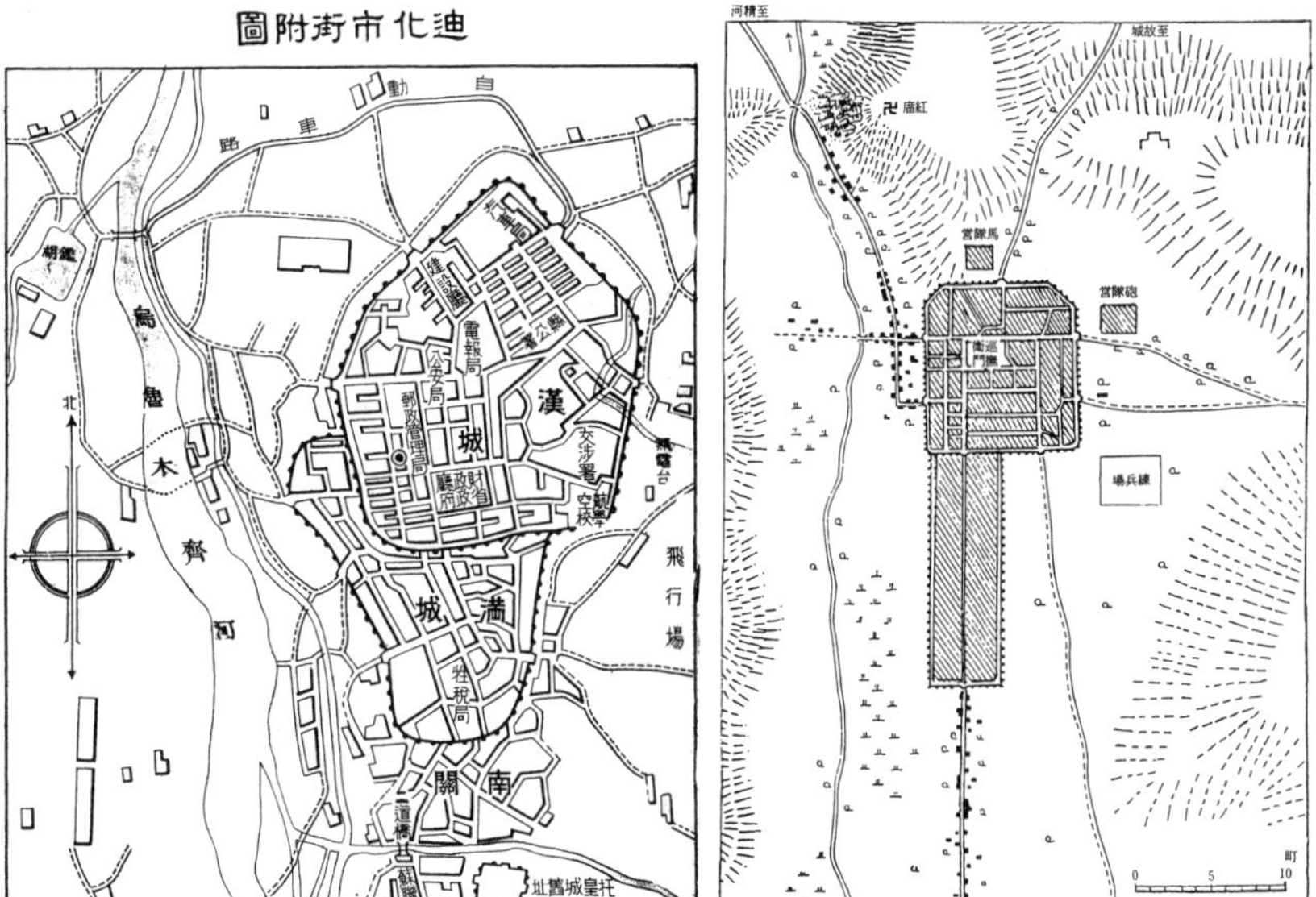

図18　ウルムチ（迪化）の地図（右は日野少佐、左は新疆省別全誌）

ありました。雰囲気が何となく日本人だというわけで「オーイ」と声をかけたら返事がきた。そこで初めて日野少佐と会い、二人はウルムチで歓談し、日野少佐は書院生の行動力にびっくりしています。林出さんは後に日野少佐の娘さんと結婚することになるんですけれども。その時日野さんが書かれたウルムチの地図がそれでした。今は人口二百万人。当時はわずか五万人の町でした。二〇年後書院の方々が書かれたのが左側の地図です。古い町等が整備されて、非常にきちんとできています。二〇年前とずいぶん違い、その変化を追うことができそうですし、より正確になっています。

書院の機関誌、研究誌としては「支那」がありました。内容はアカデミックなものから時事論までいろいろあります。それを項目別に整理してみると、時代の中で少しずつ中国関係から満蒙のほうへ移っていくというようなこともわかります。時局に準じた形で論文が書かれています。この「支那研究」は書院が大学に昇格した後、「東亜研究」と名前を変え、さらに対象地域を広げていきます。研究という名前を付けて、よりアカデミーの世界に入っていき、大学になってからは完全に学術論文の雑誌になっています。

私は「大旅行」のさいの旅行日誌の手書きの記録原稿を活字化し、第四巻まで出しています。今最後の五巻目として満州編の編集中ですけれども、こういう形で手書きの部分を多くの人に読んでもらおうとやっています。東南アジアは第三巻にまとめるなどコース別に整理して、「大旅行」日記を中心に刊行しています。日記は朝起きた時から夜寝る時まで、何を食べて誰と会って何を見てどんな乗り物に乗ったか、歩いたか、どのぐらいの距離だったか、天気の様子などいろいろたくさん書いてあって、私のような地理学をやっている者にはもうたまらないほど関心のある記述内容です。

いずれも原文は手書きですからなかなか達筆な文字は読めないですね。地元の中日新聞がこの私の作業を知って、誰か手助けをする人はいないかと紙上で呼びかけたら二〇～三〇通解読をお手伝いしたいという手紙が来ました。そこで原文をコピーしてその方々へお渡ししたら誰も解読をやるって言ってきませんでした。ここに書院卒の倉田さんが出席されてますが、倉田さんにいろいろ教えをいただきました。

しかし、「大旅行」で本当に書院の方々がまともにちゃんと記録をとったのかどうか。二二期生で海南島へ行くグループが、「コレラがはやっているから行くな」と香港の領事館で言われ、どうしようというのでその周辺を行ったり来たりして、最終的に福建省の沿岸部の調査をしたという旅行記録がありました。私は記録を持ってそこを一〇日間、歩きました。その結果、石材を使った牡蠣の養殖風景など記録は非常に正確に書かれていました。そういうのも非常にうまく描かれていて、ほんとに正確でした。それならきちんと読んでみようと思い立ったわけです。

八　「大旅行」から描ける近代中国像

まず、例えば三コースぐらいが同一地域へ入っているこれらの班の記録を見てみますと、まず土地利用状況も広範囲に作図できます。田んぼがどこにあるとか、畑がどこにあるかとか、綿畑はどこにあるかとか、いろいろ分布図が作成できます。それらをコース別に描いていきますと、当時の土地利用の様子がわかります（図19）。当時はこういう土地利用図がありませんから、今と比較するとまた非常に面白いと思います。例えば西安のあたりですと、西安は非常に貧乏な地域で、イナゴの大群にやられたとか、軍閥のトップが戦争ばかりやっていて、農民は将軍の藁人形を作って釘をいつも打ち付け、早く将軍が死ぬように祈っているとか、そんな記録がたくさんあります。その南側の関中平野は恵まれた豊かな地域です。秦嶺山脈の南ですからモンスーンの風がここまでは来るんですね。ですから南は気候が非常にいいんですけど、ここから北は南の風が行きませんので乾燥地帯です。したがって西安は非常に貧しい環境だったことがわ

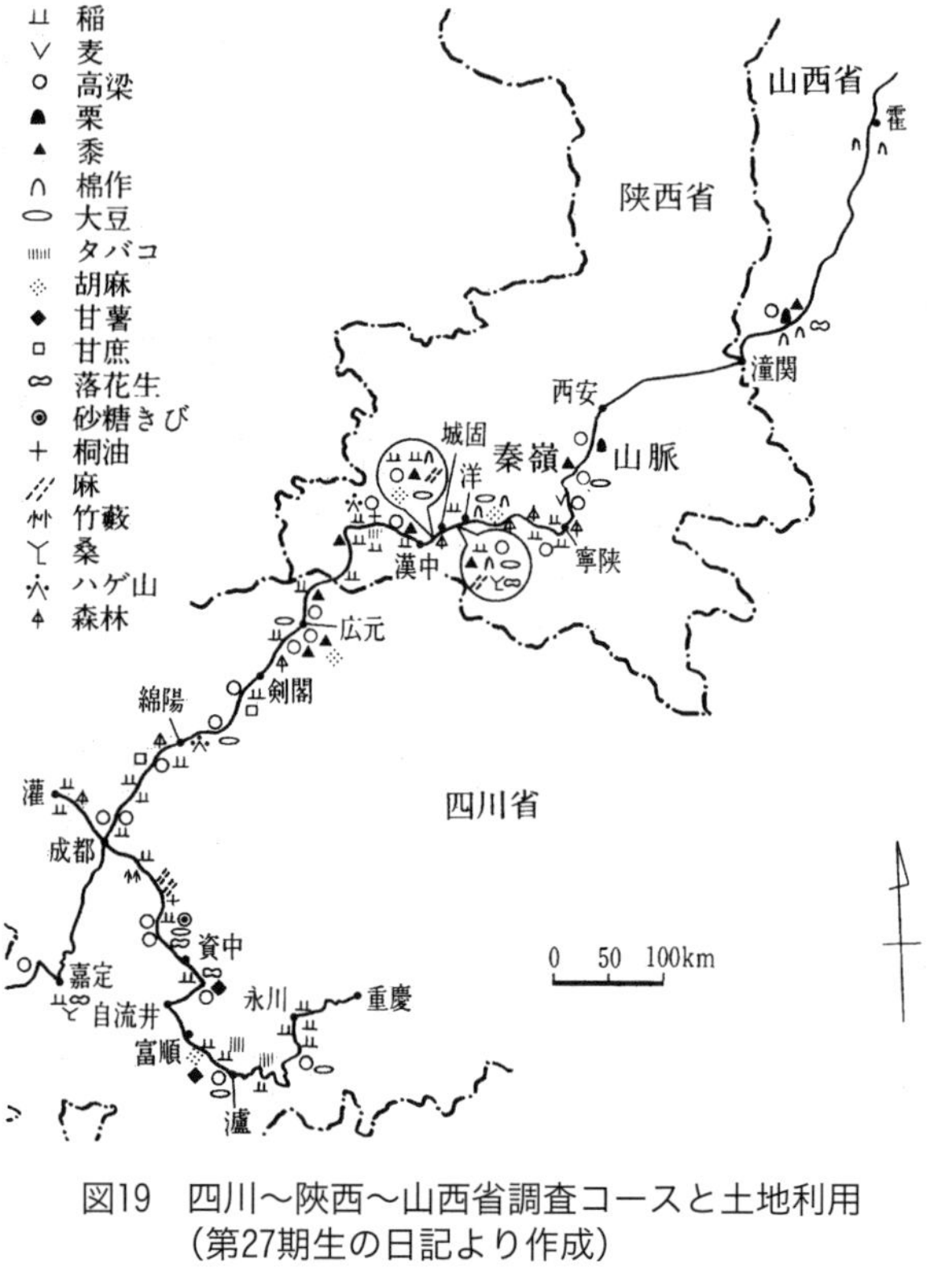

図19　四川〜陝西〜山西省調査コースと土地利用
（第27期生の日記より作成）

かります。

　また、土匪（強盗団）が出るとか出ないとかいう記録を中心に土匪出没地の分布図も作成しました（図20）。土匪の出没地帯は大変危険なルートです。土匪は元々黄河下流の洪水で財産を失った農民が土匪へ転身したとされ、それが次々と村を襲い玉突現象で拡大し、それに辛亥革命後の軍閥間の戦争で敗れた兵士も加わり、目立つようになりました。そのため辺地の省境部分が土匪出没地になっていたことがわかります。

　ですから「大旅行」の際に省を越える時は大変です。そ

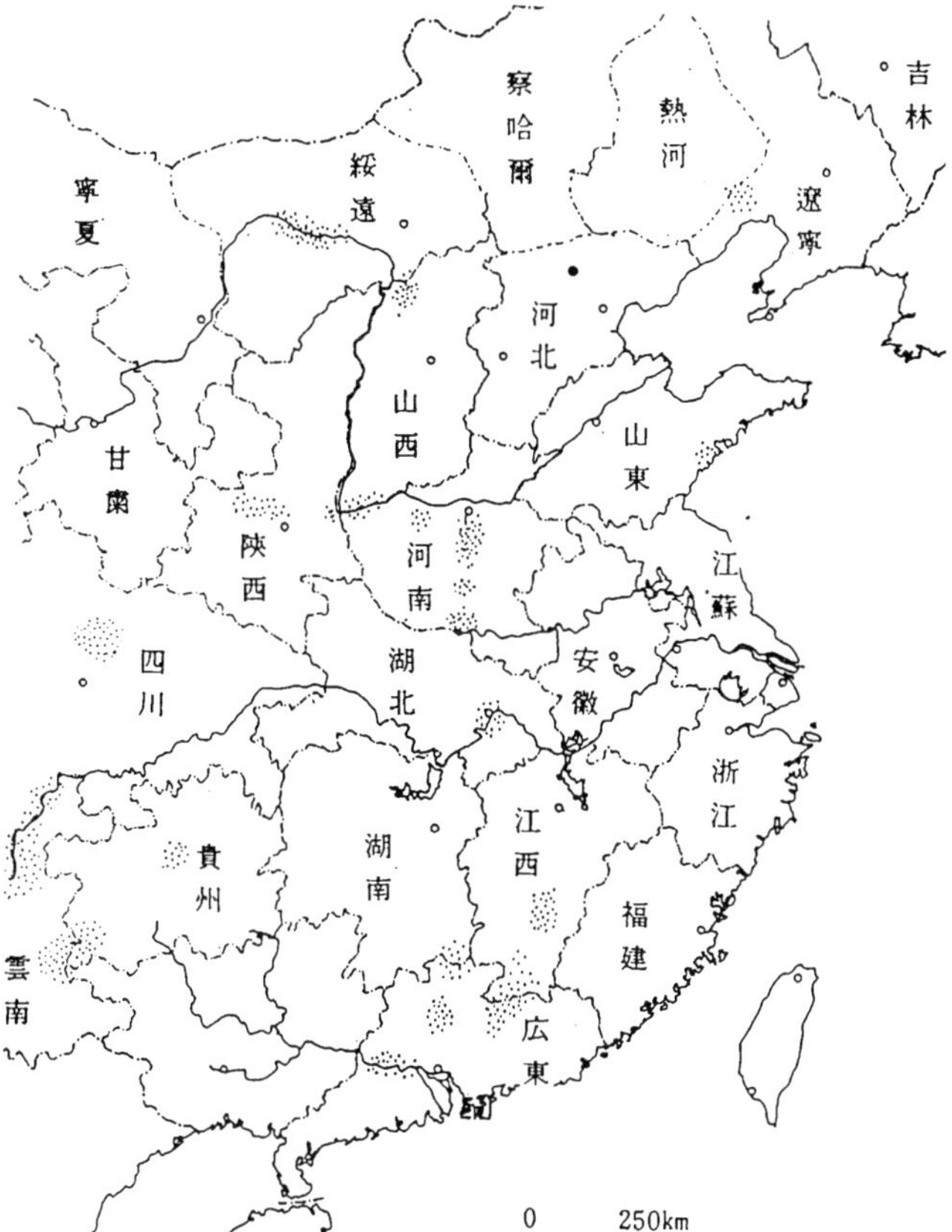

図20　旅行コースに記された土匪の出没地の分布
（各旅行誌より作成）

ういうことで各班とも土匪情報には敏感で、多くの土匪出没の記録がみられます。この図はその情報をベースに作図しました。彼らは周辺の農村や山間部から中心の町や小村に、突然出てきて襲う。あるいは通行人を襲うということがあるわけです。今の中国でも時々こういう事件が発生します。原理はそう違っていないのではないかと思います。

道路がいいかどうかについては、歩いている記録から推測するよりしようがないんですけれども、道路状況を作図することもできます。四川省のほうはいいところもありますし、よくないところもある。これが山西省に入るといっぺんによくなると記しています。閻という山西軍閥の将軍が整備をしたからです。夜中でも女性が一人で歩けるんだということが書いてあります。閻将軍による省内の治安改良の成果で、山西モンロー主義ともいわれました。沿線上の人口の分布図も作成できます。今はどこも人口はもっと

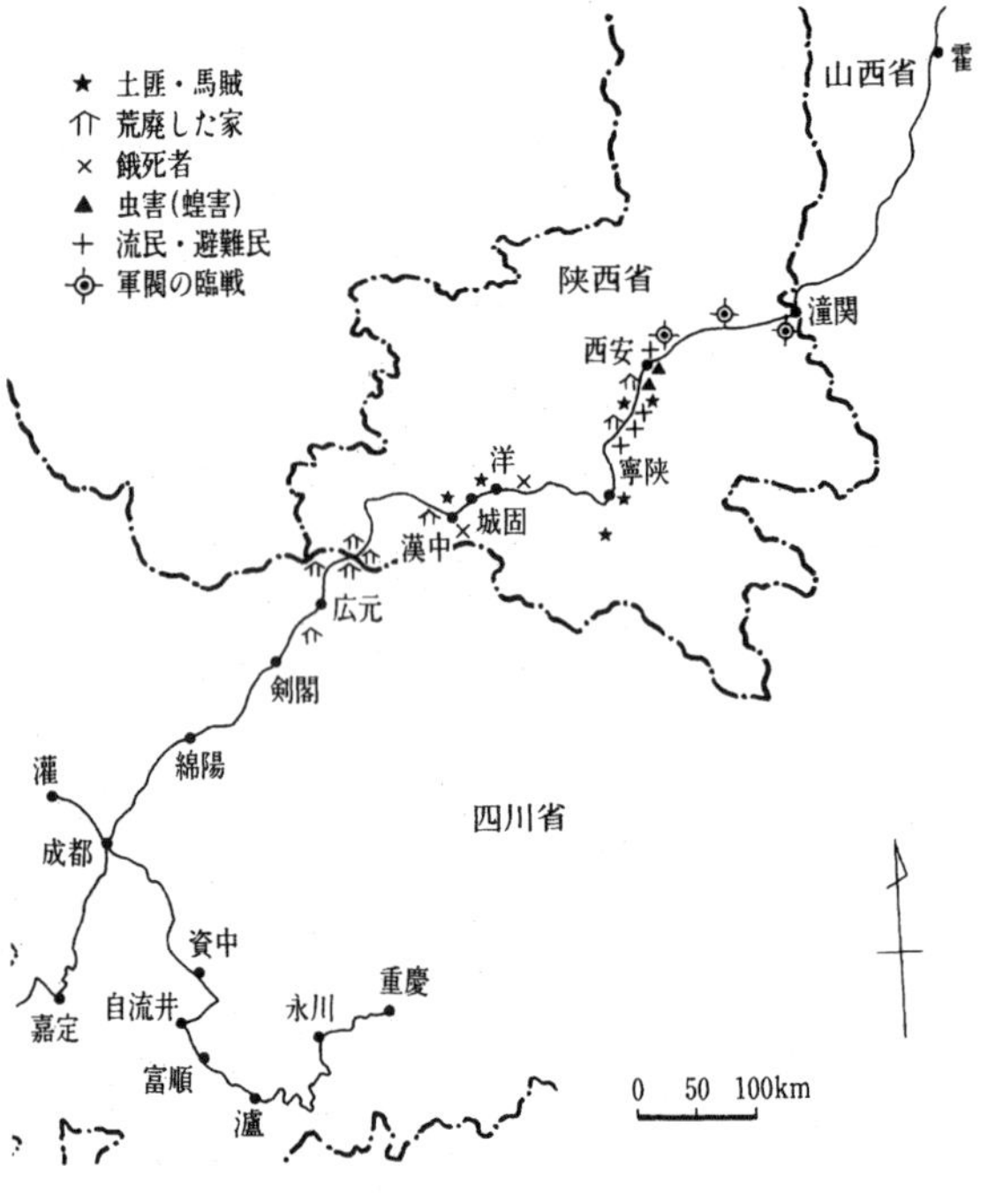

図21　四川〜陝西〜山西省調査コース沿いの社会不安の分布（第27期生の日記より作成）

多いですけれども、当時の町である中心地の配置がよく分かります。また気候状況もわかります。五月の終わりからの「大旅行」ですから書院の人達はだいたい雨季に歩かざるを得なかったんですね。それで非常に苦労をした日も多かったのです。特に山登りコースがある時は非常に苦しかったようです。また、飢饉など社会不安の様子も実際の観察から記録されており、それをベースにそれらの地域の分布図もあわせて図21として作図したものです。

図22は一二期生の旅行日誌を用い、どんなお金がコース沿いで通用していたかを作図したものです。一二期生の学生達によるコースはいろいろあるわけですが、当時の中国は統一紙幣がありませんでしたから、各地で色々なお金の種類に出会いました。各班の会計係の人は、どこでも両替のできる銀の小さな塊を糸でつないで身体に巻き付けて、重たい身体で歩いたわけです。船に乗る時は船べらのところに釘を打ってそこに銀をつけた糸を水中に吊るします。土匪が乗りこんできた時に分からないようにするためです。通貨の種類はこんなにたくさんありますので、支払いの時はなかなか大変だったようです。これをずっと克明に分布表現していくと次のことが分かります。同じ通貨を使っているまとまった地域がいくつかみられます。つまり今考えますとそれは局地的な市場圏、市場地域のまとまりを示していますね。中国は一律的ではなく、それぞれの伝統的経済圏の存在があったとみてよいでしょう。そういうことがこの貨幣の流通の範囲から分かってきます。

図23は言葉の分布図です。これも種類が多いです。北京語から始まって、英語など外国語まで入っていますが、各地でどんな言葉が使われていたかを分布図として示すことができます。そうするとこれ

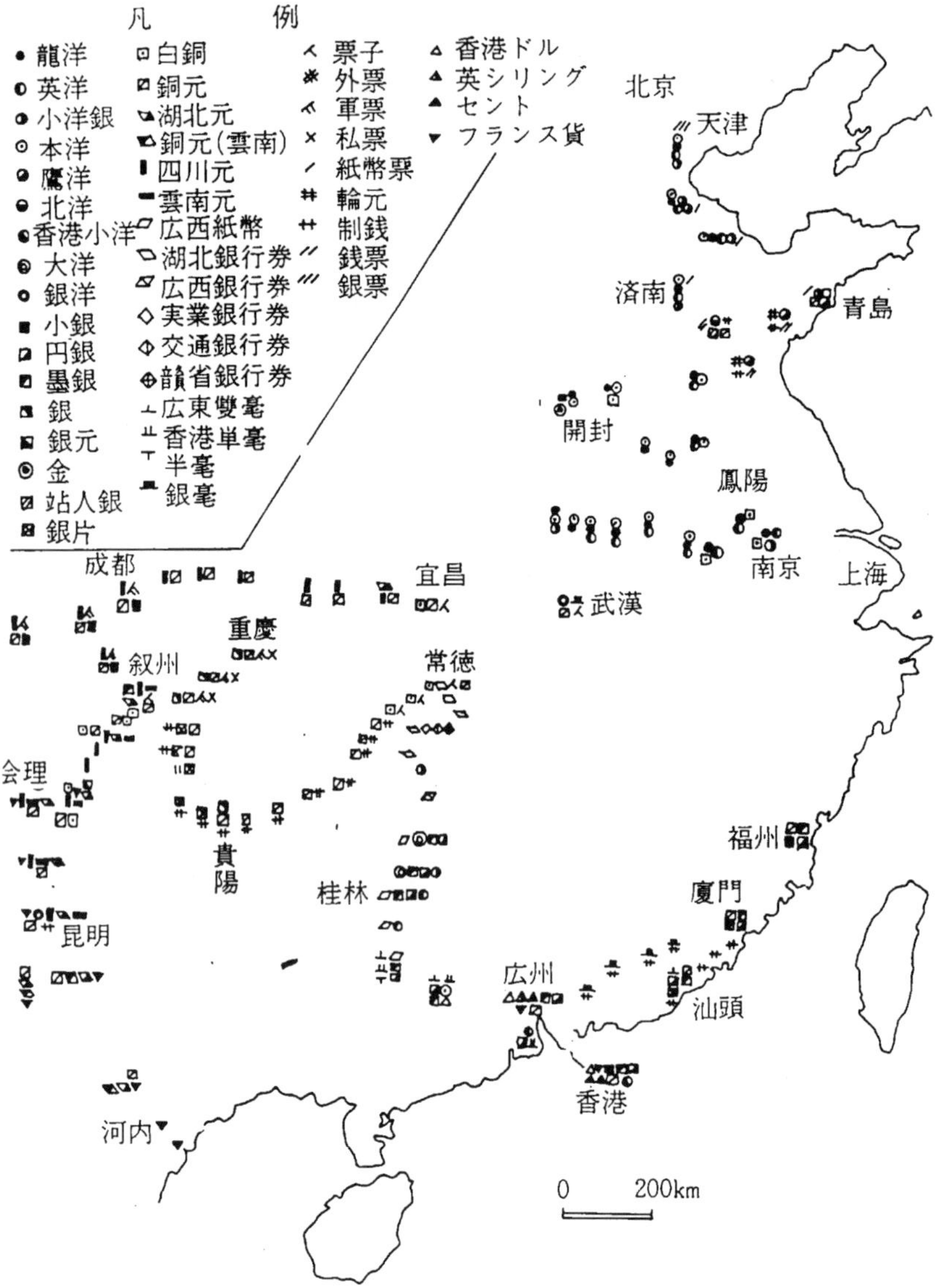

図22　第12期生各コースの記録から示される通貨分布
(12期生の日誌より作成)

も共通項が出てきます。これは一つの文化圏と言っていいでしょう。それが浮かび上ってくるわけです。さきほどの貨幣圏と重ねてみると、各々の経済圏と言語圏が重なっていることがわかります。それは経済文化圏のまとまりの存在を示しているといえます。我々はこれまで中国の内部を何となく省別に見てしまうとか、流域別に見てしまうという発想があります。地域的まとまりの原理はけっこうそういう省とか流域にあるとしても、ここに浮かび上った文化圏はより伝統的で強いまとまりを示したものといえ、中国の地域構成の基盤をみる上では新たな視点を与えてくれます。つまり中国の地域構造の原型を解き明かしていく上で非常に重要な情報になります。

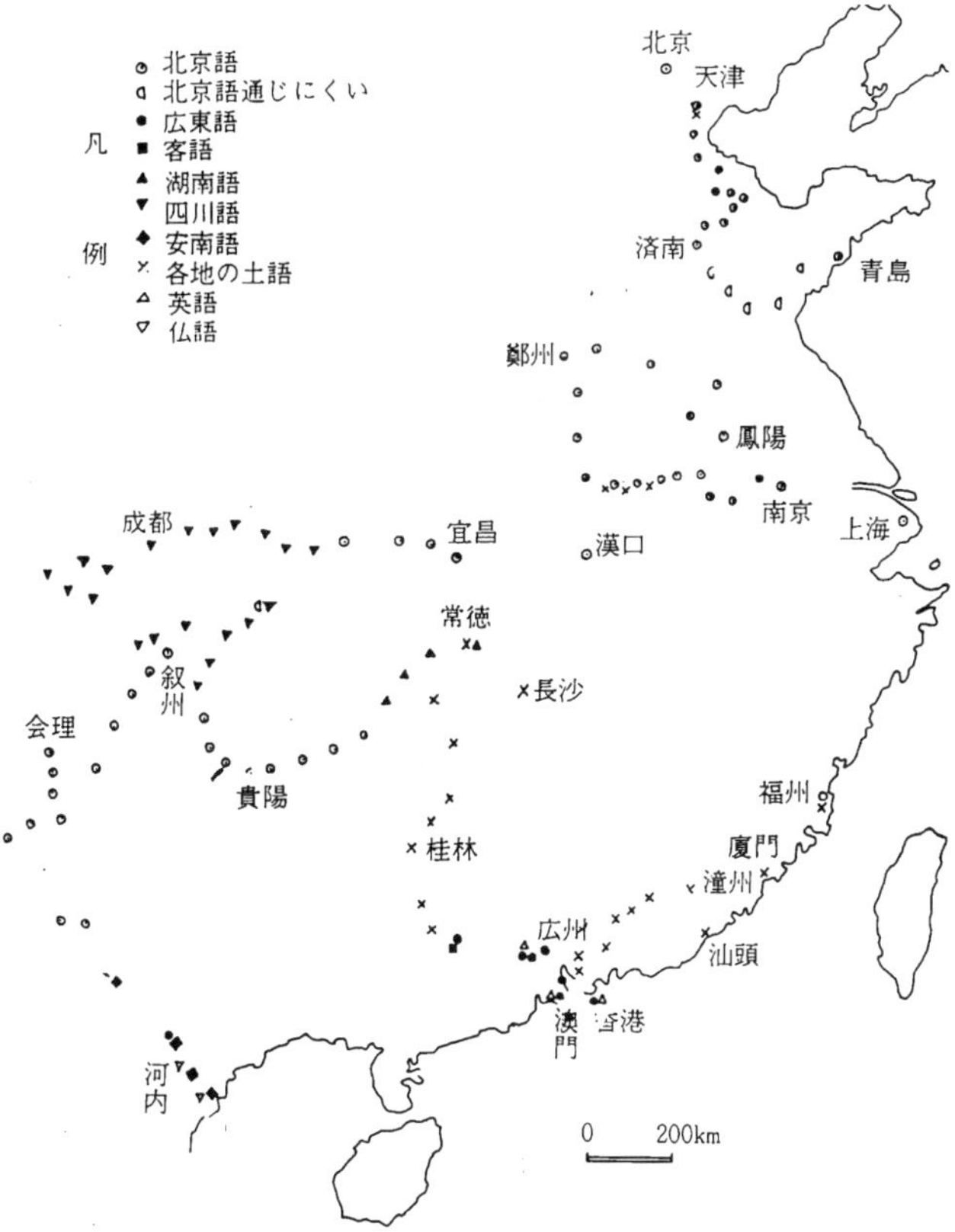

図23　第12期生の描くコースの記録から示される言語の分布
（第12期生の旅行日誌より作成）

阿片用のケシをどこで栽培しているかの記録を集めてケシの栽培地域を示すこともできます。それを見ますと大体北西の畑作地帯に卓越しています。山西省もいっぱいあったんですけれども、閻将軍が来てから全部綿に転作させました。そうすると省境の西端である黄河に接した寧夏省のほうはぎりぎり「黄河の沿岸まで罌粟《ケシ》だらけ」と書いてあります。こんな形で広がっていたことがわかります。これは一つの重要な畑作地帯の現金収入だったんですね。

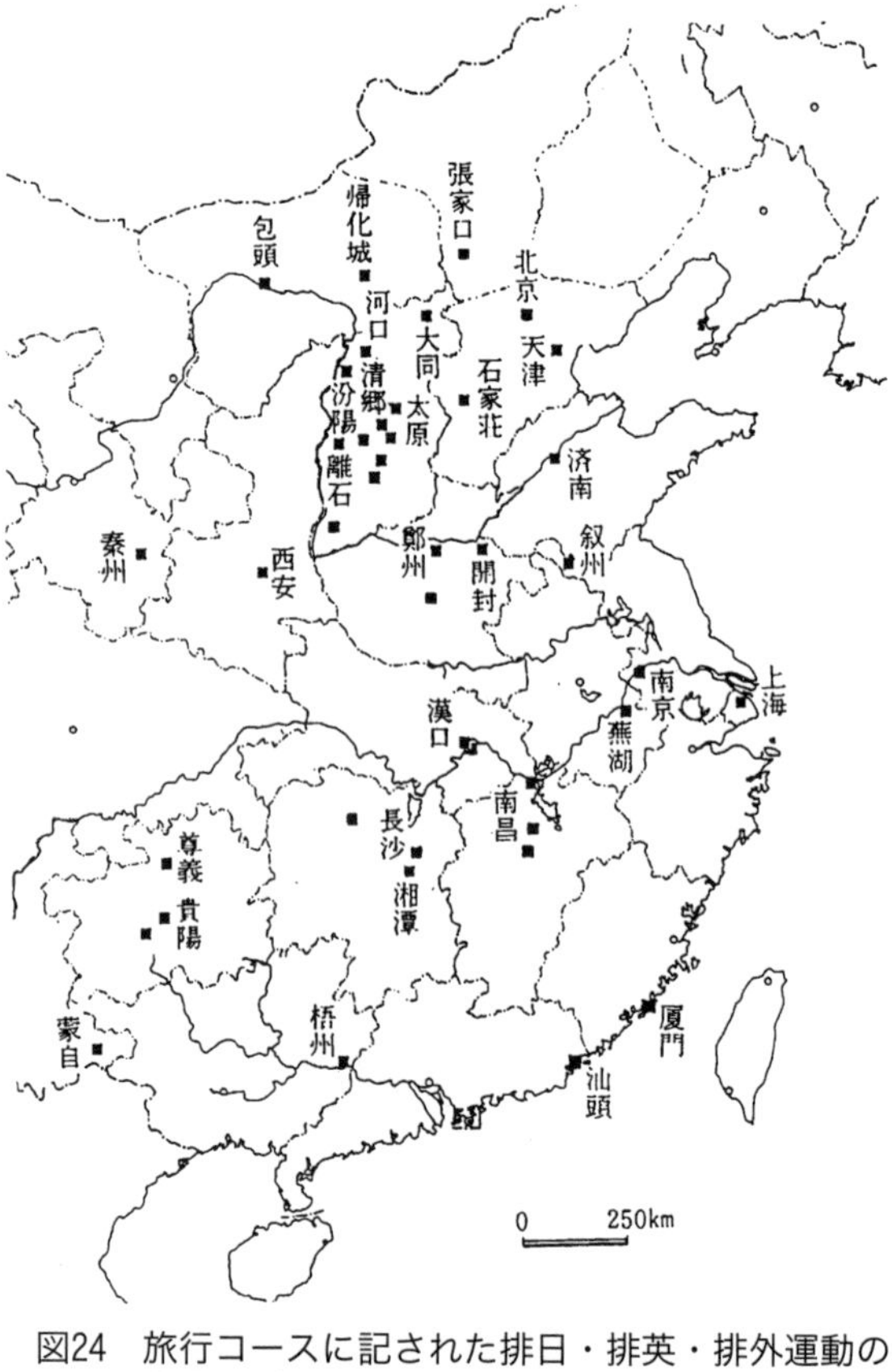

図24　旅行コースに記された排日・排英・排外運動の分布図（1925年旅行日誌より作成）

図24は一九二五年初夏に排日運動がみられた分布図です。一九二五年五月三〇日に、日本人の経営する上海の紡績工場でデモがあって、そのデモ隊にイギリス兵が発砲し、その事件が知られると、排英、

排日、排外運動としてナショナリズムが全国へ拡大しました。「大旅行」は五月中に出発しましたから、書院生は各地でこの運動と直面したわけです。砂漠へ行った班が黄河流域でも、小学生中心の排日運動デモに出会ったりしています。当時の記録から見ますと運動がどんなふうに行なわれていたのかということがわかります。上海周辺の華東地区は近いため旅行に行っていないから記録がないだけで、行ったコース沿いではほとんど排日運動、あるいは排外運動、排英運動がありました。

図25は軍閥の勢力領域を作図してみたものです。班員は軍閥に領域内を旅するあいさつのために会っていますから、どこで戦争が行なわれているかよくわかり記録に残したわけです。一九二三年か一九二四年の時点で整理・作図しますと、軍閥のこんな勢力図になりました。前に書が見事だ

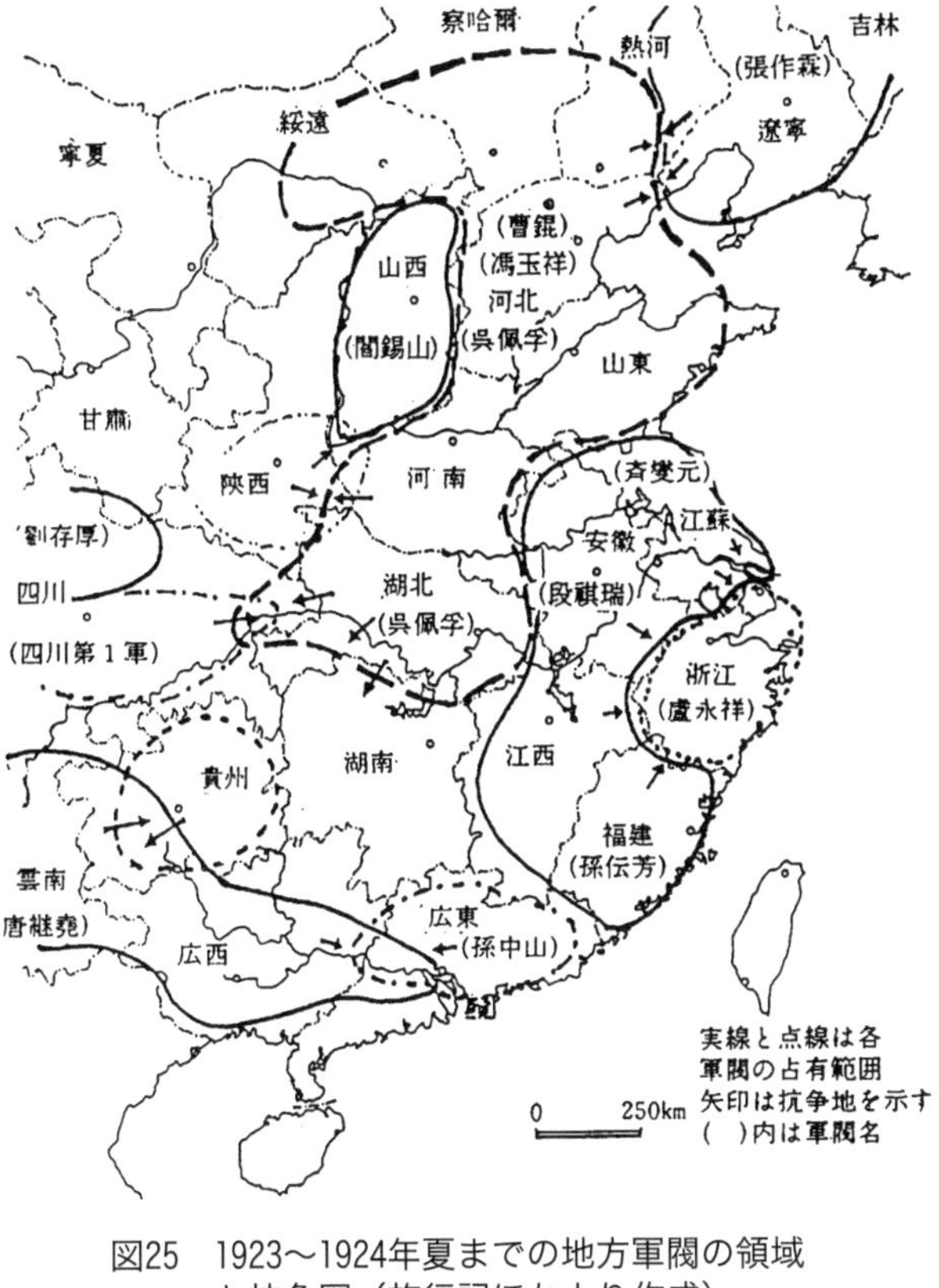

図25　1923～1924年夏までの地方軍閥の領域と抗争図（旅行記ほかより作成）

と紹介した曹錕とか呉佩孚とかはこの中央部から北東にかけて拡大しています。しかし彼らはこのあと一気に勢力を失います。ところで、こういう軍閥が近代化を進めていたことは大いに注目すべきでしょう。例えば、四川省の重慶から北西部一帯の四川省の一部についてみましても、各町で公園を作ったり図書館を作ったり道路を広げてバスを通過させたりと、競って各軍閥が近代化をすすめている様子がわかります。中国の近代化の原点は軍閥が実施したと言っていいでしょう。そういうこともわかってきます。

これは金融機関、新旧の銀行の分布図です（略）。

次は満州です。一九二〇年代のデータで、満州にどこからどういうルートで漢人が入っていったか。男か女か、上陸地、経由地別です。大連から営口から安東から奉天からと、月別に見ますと、各上陸地から満州になだれこんでいくのがわかります。そこでどの港からどういうふうに入っていったのかを図にしてみました（図26）。一九二〇年代がピークで、一年間に百万人ほどが入っています。けれども入りっぱなしではなく一二月にはまた帰っていく。出稼ぎがベースです。これは奉天から乗った人がどこで降りたかというような図も作れます。「大旅行」中の書院生の班員がデッキパッセンジャーで安い料金で船に乗りますと、山東省からの大量の人々が満州へ向かうグループと一緒に乗船したりして彼らをよく観察しています。現地の港へ着くと内陸へ向かう道路を黙々と歩いていく。あるいは満鉄もただ券に近いような料金で彼等を運んだというのが、記録として出てきます。北満ではどうだったかと言うと、ハルピンとチチハルぐらいまでは漢人が少しみられますが、あとはほとんど入っていません。ほんの僅

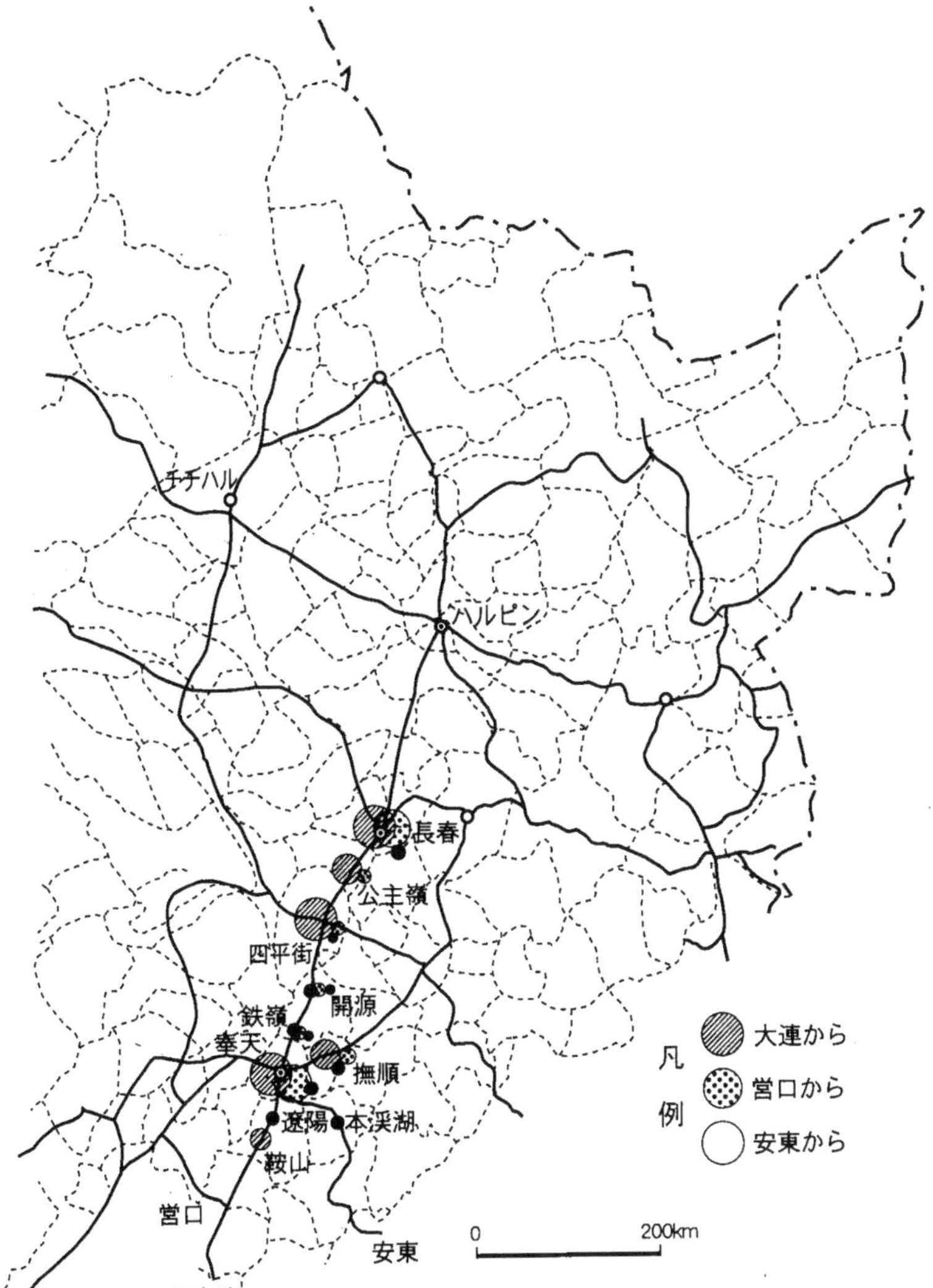

図26　大連、営口、安東の各上陸港からの移民の仕向
地別人数の分布（昭和３年度）（南満州鉄道分）

かです。これが一九二〇年代の様子です。一九三〇年代からあとは、このあとのロン先生のお話に出てくる日本からの青少年義勇軍とか満蒙開拓の日本の人達が未開拓地の北満中心に入ってくることになります。北満は以上のようにまだ漢民族もごくわずかで、未開拓の原野が多かったこと、それに対ソ連防衛網の戦略もあったのでしょう。そこに終戦時の悲劇が生じたといえます。

九　まとめとその後の愛知大学

以上をふまえて、もう少し時間スケールを長くとってみますと、まず近代的な中国が芽生えたのが一九一〇年、二〇年、三〇年代で、それが戦後の人民中国および文化大革命で遮断されて、一九八〇年以降、再び資本主義的な色彩が復活してくる。資本主義化を含めた中国近代化の最後は一九三〇年代ですから、五〇年間のブランクということになります。このブランクをいかに接合するかに今日の中国の課題があるものと思われます。その点では結果的に、今日は一九三〇年代の断面につながりつつある面もみられます。現象的にみれば当時の列強資本は今日の外資導入と同じです。苦力は農山村からの出稼ぎ者に代っただけです。このように見ていくならば、今日の中国を見る上でも一九一〇年代から一九三〇年代の動きは、一番大きな理解すべき部分となります。そういう点で旅行記に記録された多くの情報は、現在の中国の基盤を知る上で非常に参考になり、重要な価値をもっているということがわかります。

これが結論なんですが、ついでに言うと戦後、書院を継承した形で設立された愛知大学はこれまでの文学部とか経済学部、経営学部の中国研究の各専攻、コースに加え、現代中国学部とか、中国研究科の大学院（日本に一つしかありません）にそれが継承されてきているということになります。愛知大学六〇周年の本年にまとめられた『創成期の群像』というアルバム写真があります。これが創設期の豊橋の校舎です。引き揚げてきた学生諸君が写っています（写真15）。こういう形でスタートしました。

創設期三人の学長のうち一人が書院の最後の学長である本間喜一学長です。かつて留学時代にドイツでインフレを経験したので、引揚げが近いことを知った本間学長はお金を全部金の延べ棒に替えて貯え、閉学の処理をし、引き揚げてきて愛知大学を作ったということです。写真16は地元豊橋市財界の大学支援者のところで一緒に写っている写真です。小岩井淨先生もその後学長になりました。愛知大学のキャンパスはこんなふうで、今はグランドになっていますが当時は食料難の時代ですからさつまいも畑になっていました。本間さんが、ここはこうしたらいい、ああしたらいいとい

写真15　戦後、書院を継承して誕生した愛知大学開設時の教員と学生達

うふうに言っているところの写真17もあります。愛知大学の学生は市民から見ると本を持つ手が大きいことが印象的であったと書いてありますが、こんなマント姿で当時町を歩いていたという様子がわかります（写真18）。大学と学生達による「愛知大学新聞」が出されて、新しい大学としてエネルギッシュに創造的に進んだ時代です。クラブ活動も、書院のクラブを引き継ぐ形で次々に生まれました。

他に東亜同文書院の伝統はどういうふうに残っているかといえば、混乱の中、本間学長の指示で持ち帰られた学籍簿その他が保存されています。あるいは中日大辞典の刊行がありました。写真19は現地に残してきたカードを送ってもらったものです。本間学長が返してほしいと中国政府に直訴したら周恩来首相が応えてくれて、郭沫若氏を通して返してくれたのです。それを中心にして辞書を作ったのです。中国側に五千冊寄贈したのですが、中国で海賊版がたくさん出た有名な

写真16　愛知大学創立期の本間喜一（左から５人目）と関係者

辞書です。それでは足らなかったんですね。この経緯の中で愛知大学は、周恩来首相が卒業した南開大学と協定を結び、日本の大学では中国の大学と協定をした最初のケースとなりました。

そういう形で今でもいろいろな中国の大学と多方面で交流が進んでいますし、大学間では中国の大学と二重学位制度も実現しています。もちろん中国だけではなく、世界のいろいろな国と提携していますが、やはり中国が多いです。ということで終わらせていただきます。

写真17　キャンパス整備を視察する本間喜一

写真18　愛知大学生のスケッチ（竹生節男画）

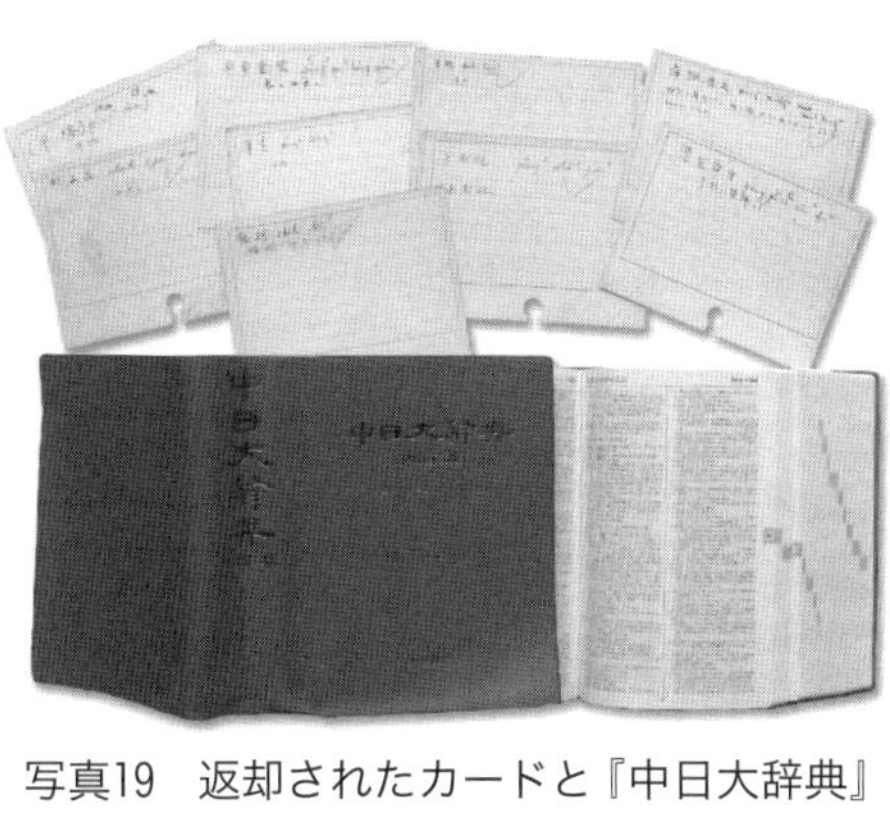

写真19　返却されたカードと『中日大辞典』

関連文献

根津一（一八九二）『清国通商綜覧――日清貿易必携』日清貿易研究所。

根岸佶編（一九〇七―一九〇八）『支那経済全書』全一二巻、東亜同文会。

東亜同文会編（一九一七―一九二〇）『支那省別全誌』全一八巻、東亜同文会。

東亜同文会編（一九四一―一九四四）『新修支那省別全誌』全九巻（で中止）、東亜同文会。

東亜同文書院編（一九四二）『東亜調査報告書』東亜同文会編。

東亜同文書院九〇周年記念刊行委員会（一九九〇）『東亜同文書院学生大陸大旅行秘話』滬友会。

滬友会監修（一九九一）『実録・中国踏査記』新人物往来社。

谷　光隆（一九九二）『東亜同文書院大学・大運河調査報告』汲古書院。

栗田尚弥（一九九三）『上海・東亜同文書院』新人物往来社。

藤田佳久（一九九三）「「幻」ではない東亜同文書院と東亜同文書院大学」『東亜同文書院大学と愛知大学』所収、六甲出版。

藤田佳久編著（一九九四）『中国との出会い――東亜同文書院・中国調査旅行記録・第一巻』大明堂。

藤田佳久編著（一九九五）『中国を歩く――東亜同文書院・中国調査旅行記録・第二巻』大明堂。

藤田佳久（一九九五）「『清国通商綜覧』とそこに描かれた地域像――東亜同文書院の中国研究（その一）」『愛知大学国際問題研究所紀要』第一〇三号。

藤田佳久編著（一九九八）『中国を越えて――東亜同文書院・中国調査旅行記録・第三巻』大明堂。

藤田佳久（一九九八）「東亜同文書院の中国調査旅行と書院生の描いた中国像」『季刊地理学』第五〇巻第四号。

藤田佳久（一九九八）「東亜同文書院の中国研究――書院生の中国調査旅行を中心にして」『中国研究月報』第六〇八号。

藤田佳久（二〇〇〇）『東亜同文書院・中国大調査旅行の研究』大明堂。

藤田佳久（二〇〇一）『中国を記録する――東亜同文書院・中国調査旅行記録・第四巻』大明堂。

藤田佳久（二〇〇六）「東亜同文書院の「大旅行」について」大倉精神文化研究所紀要。

Douglas R. Reynolds (1983): Japan Dose It Better, Tōa Dōbun Shoin (1900–1945) and Its Mission. *Illinoi Papers in Asian Studies*, Vol. 2.

Douglas R. Reynolds (1986): Chinese Area Studies in Prewar China: Japan's Tōa Dōbun Shoin in Shanghei, 1900–1945. *The Journal of Asian Studies,* vol. 45.

愛知大学東亜同文書院ブックレット ③

東亜同文書院生が記録した近代中国

2007年 3 月 31 日　第 1 刷発行

著者⊙藤田 佳久 ©

編集⊙愛知大学東亜同文書院大学記念センター

〒441-8522 豊橋市町畑町1-1　Tel. 0532-47-4139

発行⊙株式会社 あるむ

〒460-0012 名古屋市中区千代田3-1-12　第三記念橋ビル

Tel. 052-332-0861　Fax. 052-332-0862

http://www.arm-p.co.jp　E-mail: arm@a.email.ne.jp

印刷⊙東邦印刷工業所

ISBN978-4-901095-89-1 C0321

刊行にあたって

愛知大学には、その前身校といえる東亜同文書院（一九〇一〜一九四五 上海）を記念した愛知大学東亜同文書院大学記念センターがあります。東亜同文書院や同大学の卒業生の方々からいただいた心のこもった基金をもとに東亜同文書院記念基金会が設立（一九九一年）されたあと、一九九三年に当記念センターが開設されました。

この記念センターは東亜同文書院の歴史と、その卒業生で孫文の秘書役を果した山田純三郎のもとに集められた孫文関係史資料の展示を中心に行ってきました。中国、アメリカ、イギリス、フランスなどからの来訪者も含め、多くの見学者が来られ、好評を博しております。

二〇〇六年五月、当記念センターは文部科学省の平成一八年度私立大学学術研究高度化推進事業（オープン・リサーチ・センター整備事業）に選定されました。これまでの当記念センターの実績が認められたものと思われます。

この「オープン・リサーチ・センター整備事業」に選定されたことにより、東亜同文書院大学とそれを継承した愛知大学の開学をめぐる歴史についてのシンポジウムや講演会、研究会の開催をはじめ、東亜同文書院大学の性格やその中国研究、愛知大学の継承的開設に関する研究も行なうことになりました。

そこで、この「オープン・リサーチ・センター整備事業」の開設記念の一環として東亜同文書院時代の貴重な体験などを記録し、多くの方々にも知っていただけるよう、ブックレット・シリーズを刊行することになりました。

学問の府の継承をとおして日中関係史に新たなページをつけ加える愛知大学東亜同文書院ブックレットの刊行にみなさんのご理解とご協力をいただければ幸いです。

二〇〇六年一一月一五日

愛知大学東亜同文書院大学記念センター センター長 藤田 佳久